लीडरशिप की उड़ान

जे.पी.एस. जौली

डायमंड बुक्स
www.diamondbook.in

प्रकाशक : डायमंड पॉकेट बुक्स (प्रा.) लि.
X-**30, ओखला इंडस्ट्रियल एरिया, फेज**-II **नई दिल्ली** फोन : 011-40712200
ई-मेल : sales@dpb.in
वेबसाइट : www.diamondbook.in

Leadership Ki Udaan
By : **J.P.S. Jolly**

Hindi Abroad Media Inc.

प्रेरक हैं जिनकी कहानियां

जौली अंकल के नाम से प्रख्यात जे.पी.एस. जौली से मेरी पहली मुलाकात टोरंटो में इंडिया पेवेलिन के आयोजन के दौरान हुई। हालांकि मैं उनके कई लेख टोरंटो से प्रकाशित होने वाले हिन्दी अब्रौड में छाप चुका था। पहली मुलाकात में उनकी मोटिवेट करने वाली बातों से मैं समझ गया कि उनके लेख भी उन्हीं की तरह क्यों लोगों को पसंद आते हैं। भला आज के जमाने में ऐसे मोटिवेटर मिलते कहां है। अपनी इसी आदत को उन्होंने अपने लेखों के जरिए खासकर युवाओं को प्रेरित करने का बीड़ा उठाया है। समाज कुछ सीख सके अब ऐसी प्रेरणादायक कहानियां लिखी कहां जाती हैं, इसलिए भी लेखक बधाई के पात्र हैं।

उनका यह प्रयास प्रशंसनीय है और मैं उन्हें शुभकामनाएं देता हूं। आशा है कि भविष्य में भी वह इसी राह को अपनाए रखेंगे।

–रवि पांडे

हिन्दी अब्रौड, टोरंटो, कैनेडा

7071 Airport Road, # 204 A, Mississauga, ON L4T 4J3 Ph. (905) 673-9929 Fax: (905) 673-9114.
E-mail: editor@hindiabroad.com. hindiabroad@gmail.com. www.hindiabroad.com

भूमिका

एक बात तो हम सभी जानते हैं कि आज का युवा आसमान की बुलंदियों को छूने का हौसला रखते हैं। नई पीढ़ी के मन में किसी-न-किसी क्षेत्र में लीडर बनने और नेतृत्व करने की इच्छा जरूर रहती हैं। हर इंसान का यही सपना होता है कि वह किसी के दबाव में काम करने की बजाए हर क्षेत्र में अपना प्रभाव दिखा सके। कुछ बुद्धिमान लोग अपने स्कूल-कॉलेज के समय से ही लीडरशिप की अपनी अलग पहचान बनाने में कामयाब हो जाते हैं। लेकिन दूसरी और कई लोग सारी उम्र इस सपने को हकीकत में नहीं बदल पाते। वह सोचते हैं कि शायद किसी बड़े पद या ओहदे को पा लेने से ही कामयाब लीडर बना जा सकता है। जबकि यह सारा खेल हमारी सकारात्मक सोच और रचनात्मक व्यवहार पर निर्भर करता हैं। एक अच्छे लीडर की सबसे बड़ी खासियत यह होती हैं कि वो लोगों को वहां तक ले जाने की क्षमता रखते हैं, जहां तक वो कभी नहीं गये। इसी के साथ अच्छे लीडर यह भी जानते हैं कि कोई लीडर चाहे कितना भी बड़ा हो, लेकिन वो कभी भी अपनी टीम से बड़े नहीं हो सकते।

आज देश के महान लीडरों की सूची को देखे तो उसमें डॉ. ए.पी.जे. अब्दुल कलाम साहब का नाम सबसे पहले आता है। वह बचपन में अखबार बेच कर दुनिया के सबसे बड़े लोकतंत्र के राष्ट्रपति बनें। उन्होंने अपनी प्रभावशाली प्रतिभा से ना सिर्फ हमारे देश के नागरिकों को बल्कि सारी दुनिया को प्रभावित किया। युवाओं के लिये तो वे खासतौर से प्रेरणास्त्रोत थे। जीवन के आखिरी पलों तक उनके अंदर हर दिन कुछ नया करने के लिये भरपूर उत्साह और जोश था। उन्होंने अपनी सारी जिदंगी जो भी काम किया, सच्चे मन और पूरी लगन के साथ किया। जानकार बताते हैं कि कलाम साहब ने अपने सारे जीवन में सिर्फ दो दिन का अवकाश लिया था। पहला जिस दिन उनके पिता का निधन हुआ था और दूसरा जब उनकी माता जी स्वर्ग सिधारी थी। लीडरशिप के बारे में अलग-अलग मत होते हुए भी एक बात से सभी लोग सहमत हैं कि अच्छे लीडर के पास रचनात्मक सोच, दूरदृष्टि और कार्यकुशलता का होना बहुत जरूरी होता है। हमारे देश में अकसर कॉलेज की पढ़ाई खत्म करने के बाद बहुत थोड़े से ही लोग लीडरशिप के बारे में सोचना शुरू करते हैं। कुछ तो कई सालों तक काम करने के बाद भी इस विषय को ठीक से नहीं समझ पाते। असल में जरूरत होती है कि दूसरे विषयों की तरह लीडरशिप के बारे में भी बचपन से ही विचार-विमर्श शुरू किया जायें। बात चाहें हमारे समाज की हो या दुनिया के किसी देश की। कोई भी वर्ग उस समय तक तरक्की नहीं कर सकता, जब तक उनके पास बुद्धिमान लीडर नहीं होते।

एक बात हमें सदा याद रखनी होगी कि हमारे सपने चाहें कैसे भी हों, उन्हें सच करने की कोई उम्र नहीं होती। इस बात से कोई भी इंकार नहीं कर सकता कि हम जितने अधिक कामयाब लीडर तैयार कर पाएंगे, उतना ही सभ्य समाज और देश का विकास आसानी से हो पायेगा। ऐसा इसलिये भी कहा जाता हैं, क्योंकि एक कामयाब लीडर ही आम लोगों के जीवन के साथ सारे ज़माने में सकारात्मक बदलाव ला सकता हैं। वैसे तो एक लीडर में अनेकों गुण होते हैं, लेकिन सफल प्रबंधक का सबसे बड़ा गुण यह होता है कि वह उन चीजों को भी देखते और जानते हैं, जिनके बारे में दूसरे लोग अकसर अनजान होते हैं। इसी के साथ लीडर के पास ऐसे-ऐसे कार्य करने की क्षमता होती है, जिसके बारे में उनके साथी सोचते हैं कि यह काम तो कभी हो ही नहीं सकता। बस इतनी-सी सोच और कार्यशैली में फिक्र रखने वाले दूसरों से आगे बढ़ते हुए सफल लीडर बन जाते हैं। महान लीडर अपने जीवन का हर पहलू दुनिया के सामने इस तरह से रखते हैं कि वे दूसरों के लिये प्रेरणा बन जाते हैं।

बहुत समय से समाज में यह जरूरत महसूस की जा रही थी कि नेतृत्व एवं लीडरशिप से जुड़े पहलुओं की कोई खास एवं सरल भाषा में पुस्तक बनाई जाये। जिससे साधारण सोच रखने वालों में भी ऐसे गुणों को विकसित किया जा सके ताकि आने वाले समय में समाज को सर्वश्रेष्ठ लीडर मिल सकें। लीडरशिप की उड़ान नामक यह पुस्तक खास तौर से उन लोगों के लिए लिखी गई हैं, जो हमेशा किसी-न-किसी रूप में समाज का नेतृत्व करने का सपना देखते रहे हैं। एक सफल लीडर के पास ज्ञान, नेतृत्व का हुनर, जबदरदस्त व्यक्तित्व के साथ और क्या गुण होते हैं, इसी से जुड़ी हर पहलू की सारी जानकारी आपको इस पुस्तक से मिलेगी। इस पुस्तक के विचार देश-विदेश में हर उम्र के लोगों में लीडरशिप का बेहतर माहौल बनाने में मददगार साबित होगे। हमें पूरी उम्मीद हैं कि इस पुस्तक को अच्छे से पढ़ने के बाद आप भी अपने अंदर छिपी हुई लीडरशिप और नेतृत्व करने की कला को विकसित कर पायेंगे। यहां एक बात जरूर कहना चाहते हैं कि हम आपको कुछ नया नहीं सिखा रहे, बस आपकी पहचान आपके अंदर छिपे हुए लीडरशिप के हुनर से करवाने का प्रयास कर रहे हैं। हम आशा करते हैं कि हमेशा की तरह आप अब भी बेझिझक अपनी टिप्पणियाँ एवं प्रतिक्रियाएं भेज कर हमारा उत्साह बढ़ाते रहेंगे।

धन्यवाद।

जे.पी.एस. जौली (जौली अंकल)

फोन: 9810064112

E-Mail: jollyuncle@gmail.com,

Web: www.JOLLYUNCLE.com

प्रकाशकीय

हिंदी लेखन के क्षेत्र में जे.पी.एस. जौली (जौली अंकल) को किसी परिचय की आवश्यकता नहीं है। अपनी कलम के माध्यम से इन्होंने अपना एक अलग ही मुकाम हासिल किया हैं। इनके पास लेखन का ऐसा अनुभव है, जो अकसर दूसरे लेखकों को सहज उपलब्ध नहीं होता। इन्हें कठिन विषयों को भी सरलता से समझाने की महारत हासिल हैं। इन्होंने हमेशा समय से आगे सोचते हुए सकारात्मक और रचनात्मक पक्ष को ही पाठकों के सामने रखा है। इनकी भाषा की सादगी, सहजता और विषयों की ताजगी ही इन्हें सबसे अलग खड़ा करती है।

अभी तक इनकी पहले से छप चुकी 28 पुस्तकों की तरह यह भी आपको ज्ञान, कुशलता और सकारात्मक सोच से भरपूर विचारों से अवगत करायेगी। इस पुस्तक में इन्होंने नेतृत्व विकास की कला को विकसित करने के सभी गुणों को बिलकुल सरल भाषा में लिखने का प्रयास किया हैं ताकि आप भी सभी के दिलों पर राज कर सकें। इन के विचारों और संस्कारों को समझ कर साधारण आदमी भी कामयाब लीडर बन पायेंगे। जौली अंकल द्वारा लिखी हुई शुरू की चंद पुस्तकों को जब पाठकों ने पसंद किया तो उसके बाद इन्होंने कभी पीछे मुड़ कर नहीं देखा। उनका मानना है कि हर लेखक की सोच अलग होती है, इसलिये उसे सदा भीड़ से अलग रहते हुए अपनी पहचान बनानी चाहिए। शायद इसी कारण से इन्होंने अपने लिये बिलकुल नई किस्म की राह चुनी। देश-विदेश में लोकप्रिय इनकी पुस्तकें अब हिंदी के अलावा अंग्रेजी, बंगाली, गुजराती, मराठी एवं पंजाबी भाषा में भी पाठकगण बार-बार पढ़ना पसंद करते हैं।

जौली अंकल ने हर पाठक के दिल पर अपनी अमिट छाप छोड़ी हैं। उनकी कलम से निकला हुआ हर अक्षर हर उम्र के पाठकों के लिये

प्रेरणास्त्रोत का काम करता हैं। यही वजह है कि उनके प्रशंसक एक से एक बढ़ कर एक तरीके से उनके प्रति सम्मान प्रकट करते हैं। अपनी जिंदगी का अनुभव बांटते हुए यह कहते है कि यदि सभी लेखक अपनी जिम्मेदारी ठीक से निभानी शुरू कर दे तो वो सिर्फ अपने जीवन को ही नहीं बल्कि सारे आने वाली पीढ़ियों की सोच को भी बदला जा सकता हैं। जौली अंकल की एक ही तमंन्ना हैं कि उनकी कलम से लिखी हुई पुस्तकों से ही उनकी पहचान बनें। उनकी पुस्तकों की कद्र करते हुए इन्हें विभिन्न संस्थाओं द्वारा 100 से अधिक मान-सम्मान, पुरस्कारों एवं अवार्डो से सम्मानित किया जा चुका हैं।

–नरेन्द्र कुमार वर्मा

nk@dpb.in

विषय सूची

1
नेतृत्व का महत्व

नेतृत्व, लीडरशिप, टीम लीडर, नेता, एवं संचालक कुछ ऐसे शब्द हैं, जो हर छोटे-बड़े व्यक्ति को अपनी ओर आकर्षित करते हैं। ऐसा शायद इसलिये भी होता हैं क्योंकि इन में से कोई भी पद मिलते ही बहुत सारे अधिकार, बेशुमार ताकत के साथ मान-सम्मान एवं शोहरत आदि आसानी से मिलने लगती हैं। आज की दुनिया में हर इंसान लोकप्रिय एवं प्रभावशाली लीडर बनना चाहता हैं। आप भी अगर कामयाब और मशहूर लीडर बनना चाहते हैं, तो एक बात सदैव याद रखना कि नेतृत्व करने के लिये सबसे जरूरी शर्त यह होती हैं कि सबसे पहले एक अच्छे इंसान बनो। अच्छा इंसान बनने के लिये हमें अपनी सोच और विचारों को सकारात्मक बनाना पड़ता हैं। सोच एवं विचारों को बदलने का भाव है कि हम अपने हितों को भूल कर सर्वप्रथम समाज के हित की बात के बारे में सोचें। हम वो सभी कार्य करने का प्रयास करें, जिसके लिये अभी दूसरे लोगों ने सोचना भी शुरू नहीं किया।

एक कामयाब लीडर बनने से पहले अगर इसकी परिभाषा को समझ लिया जायें तो लीडरशिप के हर पहलू को ठीक से जान पायेंगे। लीडरशिप के बारे में गहराई से समझने के लिये हम लीडर और लीड (नेतृत्व करने वाले) के मायनों को समझते हैं। 'लीड' का सीधा सा मतलब होता हैं कि दूसरों का मार्गदर्शन या नेतृत्व करना। यह काम कोई भी व्यक्ति तभी कर सकता है, जब वो अपने अंदर इतनी क्षमता पैदा कर पायें कि उसकी हर बात और कार्य से दूसरे लोग प्रभावित होने लगे। इसके बाद बात आती हैं लीडर की। अब कोई इंसान कितना बड़ा या छोटा लीडर है, इसे मापने का कोई खास पैमाना तो नहीं होता। कुछ लोगों का मानना है कि बड़ा लीडर

उसे ही कहा जा सकता है, जिसकी हर बात मान कर ज़माना उनके पीछे चलने लगे।

यह बात राजनीति में तो कुछ हद तक सही कही जा सकती है, लेकिन अन्य क्षेत्रें में इसे ठीक नहीं ठहराया जा सकता। एक परिवार से लेकर दुनिया के कई शहर, कई देश दूसरों से अधिक तरक्की केवल इसलिये कर पाते हैं क्योंकि उनके पास एक अच्छा लीडर होता हैं। हम अकसर देखते हैं कि कुछ खास लोग अपने घर और व्यापार में लगातार इसलिये आगे बढ़ते रहते हैं, क्योंकि उनके घर का मुखिया अपनी लीडरशिप की जिम्मेदारी ठीक से निभाने की कला जानते हैं। इसके बाद लीडरशिप को जानने का प्रयास करते हैं। यहा हमें यही समझ आता हैं कि हर वह व्यक्ति जो पूरे आत्मविश्वास के साथ दूसरों को न सिर्फ राय दे सकें, बल्कि उन्हें ठीक राह दिखाने और लक्ष्य हासिल के काबिल बना सकें, वही लीडरशिप के लायक बन पाता है। कामयाब लीडरशिप का हकदार वही इंसान बन पाता हैं जो अपने साथ अपने साथियों और संस्थान को समय के साथ तरक्की की राह पर आगे बढ़ाता रहें। यहां एक बात और याद रखनी होगी कि महान लीडर वही लोग बन पाते हैं, जो अपनी क्षमताओं के साथ दूरदृष्टि भी रखते हैं।

कुछ लोग लीडर या नेता को सिर्फ राजनीति से जोड़ कर देखते हैं, लेकिन असल जीवन में सच्चाई कुछ और ही हैं। ऐसा इसलिये भी कहा जाता है, क्योंकि अधिकतर राजनेता हर कार्य अपने राजनैतिक समूह और अपने निजी हितों को ध्यान में रख कर करते हैं। जबकि सही मायनों में लीडर कहे जाने वाले व्यक्ति अपने हित की बात सबसे आखिर में सोचते हैं। हम अगर लीडरशिप को और गहराई से समझने की कोशिश करें तो यह बात खुल कर समझ आती है कि यह तो हमारे परिवार, स्कूल-कॉलेज के समय से ही हमारे जीवन का हिस्सा रही हैं। इसके बाद गली-मोहल्ले एवं समाज से जुड़ी हर संस्था में बड़े अधिकारी, प्रबंधक, मैनेजर, अध्यक्ष, निरीक्षक, अधीक्षक एवं कई अन्य किस्म के लोग लीडर के रूप में अकसर देखने को मिल ही जाते हैं। कई लोग नौकरी करते हुए, कुछ व्यापार करते हुए भी अपने-अपने क्षेत्र में लीडर बन जाते हैं। जो व्यक्ति अपने किसी भी संगठन का नेतृत्व नहीं कर पाते, उन्हें फिर सारी उम्र दूसरों के पीछे चलने के लिये मजबूर होना पड़ता है।

अगर यह कहा जाए कि एक लीडर का दायरा असीमित है, तो शायद गलत नहीं होगा। समाज की हर संस्था, कार्यस्थल पर नेतृत्व की अलग-अलग जिम्मेदारी निभाने के लिये हर जगह किसी-न-किसी रूप में एक प्रेरक लीडर की आवश्यकता हमेशा ही बनी रहती हैं। ऐसा इसलिये भी जरूरी होता है, क्योंकि समाज के सभी वर्गो में बहुत सारे लोगों को एक साथ निपुण नहीं बनाया जा सकता। इसलिये किसी एक खास व्यक्ति को नेतृत्व के सारे गुण सिखा कर उसे उस संस्थान का लीडर बना दिया जाता है। उसके बाद दूसरे सभी सहयोगियों से सही ढंग से काम करवाने और लक्ष्य हासिल करने की जिम्मेदारी उस लीडर को निभानी होती है।

यहा कुछ लोगों को यह गलतफहमी हो सकती हैं कि इस हिसाब से किसी भी लीडर को सफल होने के लिये तो दिन-रात काम करना पड़ता होगा। जी नहीं, ऐसी बात नहीं है। बल्कि एक अनुभवी लीडर अपने सभी कार्यों को पूरा करने के लिये पहले बड़े ही आयोजित ढंग से योजना बनाते हैं। फिर वह अपनी टीम के सभी सदस्यों को संगठित करते हुए इस तरह से निर्देश देते हैं कि हर कार्य बहुत ही बेहतर ढंग से और तय समय सीमा में ही पूरे हो जाते हैं। एक सफल लीडर कौन और कैसा होता है? कामयाब नेता या लीडर बनने के लिये और किस तरह के गुणों की आवश्कता होती है? सफल नेतृत्व के लिये उसके पास क्या-क्या खास गुण होने चाहिए? क्या कोई सिर्फ अच्छा भाषण देने से या अपनी ताकत के बल पर ही नेता बन सकता है? इन सभी सवालों का जवाब हम एक छोटे से उदाहरण के माध्यम से समझने की कोशिश करते हैं। एक बात तो सभी जानते हैं कि जंगल में कभी चुनाव नहीं होते, लेकिन फिर भी सारे जंगल का राजा - लीडर सदैव शेर ही होता है।

परंतु जब कभी किसी सबसे बड़े जानवर की बात की जाएं तो हर किसी की जुबान पर पहला नाम हाथी का आता है। अगर लंबे जानवर का जिक्र हो तो ज़िराफ सबसे आगे खड़ा दिखाई देता है। इसी तरह चतुराई एवं होशियारी में लोमड़ी और सबसे तेज़ दौड़ने में चीते का नाम अव्वल दर्जे पर रहता हैं। थोड़ा- सा गौर करने पर हमें समझ आता है कि इतने सारे अद्भुत गुणों वाले जानवरों के बीच शेर का नाम कहीं आसपास भी दिखाई नहीं देता। इस बात से भी इंकार करना मुश्किल है कि शेर के पास इनमें से अधिकांश:

गुण नहीं होते, लेकिन फिर भी वह हमेशा से जंगल का राजा बना रहता है।

यहां प्रश्न यह उठता है कि शेर के पास ऐसी कौन-सी अनूठी ताकत है, जो उसे सभी जानवरों से अलग खड़ा करते हुए राजा बना देती हैं। हर व्यक्ति जानता है कि शेर जंगल के सभी जानवरों से अधिक साहसी और निडर होता है। वह बड़ी-से-बड़ी चुनौती का आसानी से मुकाबला करने की क्षमता रखता है। वह जहां कहीं भी जाता है, पूरे आत्मविश्वास के साथ आगे बढ़ता है। इन सारी बातों पर विचार करने से यह तो बिलकुल साफ हो जाता है कि सिर्फ कद में बड़ा, होशियार होने या स्मार्ट बनने से लीडरशिप का दर्जा हासिल नहीं किया जा सकता। सबसे सफल लीडर बनने के लिये पढ़ाई-लिखाई के साथ निर्भय, बहादुर, साहसी और निडरता जैसे गुणों का होना भी बहुत महत्त्व रखता है।

साधारण लोगों और एक लीडर के बीच में मूल रूप से बस एक ही फर्क होता है। वह उन चीजों को भी देखते और समझते है, जिसके बारे में आम आदमी कभी कल्पना भी नहीं कर पाता। सफल लीडर अपने हर कार्य को असाधारण तरीके से और दूसरे लोगों से पहले और बेहतर ढंग से करने का हुनर भी जानते हैं। इसी के साथ सफल लीडर बनने के लिये सबसे जरूरी चीज है कि हमारे अंदर वो इच्छाशक्ति जरूर हो, क्योंकि हम चाह कर भी जबरदस्ती किसी को लीडर नहीं बना सकते। यह बात अलग हैं कि अगर किसी व्यक्ति में लीडरशिप की जिम्मेदारी निभाते समय कोई कमी महसूस होती है, तो उस विषय को गहराई से समझ कर ठीक किया जा सकता हैं। कुछ लोगों में लीडरशिप की कला थोड़ी कम और कुछ में अधिक होती हैं। लीडरशिप का यह हुनर अकसर आम लोगों में होता तो जरूर है, लेकिन वे लोग किसी कारणवश इसका पूर्ण रूप से विकास नहीं कर पाते। आमतौर पर समाज में किसी भी व्यक्ति का कोई भी दर्जा या रूतबा हो, लेकिन उसे अलग-अलग समय पर कई भूमिकाएं निभानी पड़ती है। इसमें से मुख्य रूप से यह दो प्रकार की होती है। पहली एक व्यक्ति किसी टीम का नेतृत्व करता है और दूसरी वह किसी लीडर के साथ मिल कर अपनी क्षमता के मुताबिक योगदान देता है।

हर समूह का कोई-न-कोई एक लीडर जरूर होता है और दूसरे बहुत सारे लोग इस पद को पाने की चाह मन में पाले रखते हैं। किसी कम्पनी

के मालिक, बैंक के मैनेजर या संस्थान की जिम्मेदारी निभाने वाले मुखिया आदि सभी को हम लीडर कह सकते हैं। लेकिन क्या सिर्फ एक बड़ा ओहदा या पद मिल जाने से ही कोई लीडर बन जाता है। जी नहीं, जब तक कोई भी इंसान लीडरशिप की जिम्मेदारी को ठीक से निभाना नहीं सीख लेता, उस समय तक उसे कोई भी एक सफल लीडर के रूप में स्वीकार नहीं करेगा। जैसा कि हम सभी जानते हैं आजकल अपने ही परिवार के सदस्यों को समझाना कठिन होता जा रहा है, ऐसे में बाहरी लोगों को निर्देश देकर उन पर शासन करना किसी चुनौती से कम नहीं होता। इसीलिये लीडरशिप की जिम्मेदारी को निभाने के लिए हर स्तर पर बहुत सारी चुनौतियों एवं कठिनाइयों का भी सामना करना पड़ता है। यह बात यही खत्म नहीं होती, बल्कि जैसे-जैसे किसी लीडर की लोकप्रियता बढ़ने लगती है, उसी के साथ उसकी जिम्मेदारी भी कई गुणा बढ़ जाती है। जो व्यक्ति समय और हालात के अनुसार सफलतापूर्वक हर जिम्मेदारी को बुद्धिमानी के साथ निभाने में सक्षम हो जाते है, वे ही आगे चल कर कामयाब और सफल लीडर बन पाते हैं।

लीडर बनने के अनेक गुणों में से एक खास मंत्र यह भी होता है कि आप अपनी जिम्मेदारी को सफलतापूर्वक निभाते हुए अपनी सारी टीम का नेतृत्व ठीक से कर पाये। सफल नेता बनने के लिये आप चाहे किसी भी क्षेत्र में कार्य करें लेकिन आपको हमेशा दूसरों से कुछ अलग और सदैव समय से आगे की बात सोचनी पड़ती है। लीडरशिप के अन्य गुणों के बारे में देखा जायें तो सबसे बड़ा उसका धैर्यपूर्वक व्यवहार का होना जरूरी होता है। उसके अंदर इतनी क्षमता होनी चाहिए कि हर प्रकार की परिस्थितियों से मुकाबला करने के साथ अपने टीम के सदस्यों को प्रेरित करते हुए उनका मनोबल सदा बनाएं रखें।

हमारे समाज में चंद लोगों की सोच यह होती है कि अगर लीडर बनना है, तो उसके लिये कुछ भी गलत या नकारात्मक कार्य किया जाये। जैसे ही आम आदमी को परेशानी होगी तो वे लोग उसका हल ढूंढते हुए उसके पास आएंगे और वह जल्द ही लोगों के बीच लोकप्रिय हो जायेगा। ऐसी सोच रखने वालों को यह बात भी याद रखनी चाहिए कि इस तरह की सस्ती लोकप्रियता बहुत ही थोड़े समय के लिये होती है। जैसे ही जमाने के

सामने हकीकत खुलने लगती है, तो वे इस तरह के इंसान को हमेशा के लिये अपने से दूर कर देते हैं। इसी के साथ हमें यह भी ध्यान रखना चाहिए कि कभी भी कामयाब लीडर बनने के लिये हमें किसी दूसरे व्यक्ति का कोई नुकसान नहीं करना चाहिए। आजकल राजनीति में कुछ लोग अपनी काबिलीयत बढ़ाने की बजाए दूसरों की कमियों को बढ़ा-चढ़ा कर दिखाने में विश्वास करने लगे हैं। उन्हें लगता है कि दूसरों को नीचा दिखा कर हम शायद कोई बहुत ही महान कार्य कर रहे हैं। आज के जमाने में हर व्यक्ति बहुत ही समझदार है। इसलिये किसी को भी बहुत अधिक समय तक अंधेरे में नहीं रखा जा सकता।

लीडरशिप की खूबियों को जानने के साथ एक और बात को भी समझना जरूरी है कि क्या समाज का कोई भी वर्ग लीडर के बिना तरक्की नहीं कर सकता। बिलकुल सीधी-सादी भाषा में इस बात को हम एक वादक समूह (आर्केस्ट्रा) के उदाहरण द्वारा जानते हैं। इस तरह के समूह में 8-10 लोगों से लेकर कई बार 50-60 लोग एक साथ संगीत की कोई एक धुन बजाते हैं। हालकि हर संगीतकार अपने-अपने यंत्र बजाने में निपुण होता हैं। लेकिन फिर भी मधुर संगीत की रचना करने और सभी के बीच तालमेल बनाए रखने की जिम्मेदारी उनका लीडर ही निभाता है। आपने भी ऐसा नजारा कई बार जरूर देखा होगा कि जब सभी संगीतकार मिल कर कोई बहुत ही सुंदर संगीत बजा रहे होते हैं। लेकिन उनका लीडर दर्शकों की तरफ पीठ करके अपना सारा ध्यान संगीत बजाने वाले कलाकारों की और ही रखता हैं। अगर वह लीडर अपनी जिम्मेदारी को भूल कर दर्शकों की ओर देखने लगेगा तो शानदार संगीत की रचना कभी भी नहीं हो पायेगी।

अलग-अलग संस्थाओं के लीडर की लीडरशिप को आंकने का कोई खास पैमाना तो नहीं होता। लेकिन एक बात पूरे दावे के साथ कही जा सकती है कि जब आप दूसरों से कुछ अलग और कुछ अधिक दिखाने का हुनर सीख लेते हैं उसी समय से आप लीडरशिप की जिम्मेदारी निभाने के लायक बन जाते हैं। यहां एक बात पर और गौर करना होगा कि सिर्फ उत्पादकता बढ़ाने से सफल नहीं हो जाते, इसी के साथ आपको अपने सहयोगियों के दिलों में जगह बनाने की कला में भी महारत हासिल करनी

पड़ती है। जिस दिन आप यह सारी बारीकियां समझने लगेंगे, बस उस दिन से समझ लेना कि आप शत-प्रतिशत अंकों से लीडरशिप की परीक्षा में पास हो गये हैं। इसी बात को कुछ लोग इस प्रकार भी कहते हैं कि जिस दिन दूसरे लोग आप के काम से प्रभावित होकर आपसे प्रेरणा लेने लगे और उनके अंदर आप जैसा बनने की चाह पैदा होने लगे। उस दिन यह कहा जा सकता है कि आप कामयाब लीडर बन चुके हो। इन सभी बातों को समझने के बाद इनके विकास की तकनीक को रोजमर्रा के जीवन में कैसे इस्तेमाल किया जाये, इस पर भी विचार करेंगे।

आगे बढ़ने से पहले इन सभी बातों के साथ हमें यह नहीं भूलना चाहिए कि एक कामयाब और महान लीडरशिप की जिम्मेदारी निभाने के लिये उसके सिद्धांत और नियमों को जानना भी बहुत महत्त्वपूर्ण होता है। नेतृत्व का महत्त्व और उसकी जिम्मेदारियां क्या होती है? अपने सहयोगियों और टीम के सदस्यों के साथ हमारा व्यवहार कैसा होना चाहिए? इस पुस्तक के 20 अध्याओं में हमने ऐसे सभी महत्त्वपूर्ण मुद्दों पर गहन विचार किया है, जो एक साधारण व्यक्ति को कामयाब लीडर बनाने में सहायक सिद्ध हो सकते हैं।

2
प्रभावशाली नेतृत्व के खास गुण

साहसी लीडर हर दिन को एक नये इम्तिहान की तरह से देखते हैं।

***

किसी भी क्षेत्र में आगे बढ़ने से पहले अपने जीवन का लीडर बनना सीखो।

***

सदैव आगे बढ़ने वाले सोच-विचार में अधिक समय कभी नहीं बर्बाद करते।

***

थोड़ी सी बुद्धिमत्ता से प्रभावी लीडर हर मैदान में जीत हासिल कर सकता हैं।

***

हर प्रकार के कठिन समय में टीम लीडर खुद को सबसे आगे रखना जानते है।

***

अच्छे लीडर कोई भी ऐसा काम नहीं करते, जिसका उन्हें बाद में अफसोस हो।

***

कामयाबी के अनेक गुणों में से सबसे महत्त्वपूर्ण गुण आशा और उम्मीद का होता है।

***

किसी भी लीडर की सबसे बड़ी ताकत उसका आत्मविश्वास और इच्छाशक्ति होती है।

***

अपनी गलतियों को पहचान कर उन्हें सुधारना ही अच्छे कार्यों की पहली शुरुआत होती है।

***

जिस लीडर के पास आत्मविश्वास होता है, वह किसी भी प्रकार के हालात से नहीं घबराते।

लीडर किसी कार्य के बारे में बार-बार सोचने की बजाए उसे तुरंत करने में विश्वास रखते हैं।

***

यदि हमारे पास कुशल नेतृत्व की कमी हो तो बड़ी-से-बड़ी भीड़ भी कुछ खास नहीं कर पाती।

***

किसी भी अच्छे मौके की झलक मिलते ही उसे दूरदृष्टि रखने वाले अनदेखा नहीं करते।

***

जितनी महत्त्वपूर्ण लीडरशिप होगी, उसकी कीमत उतनी ही बड़ी जिम्मेदारी से चुकानी पड़ती हैं।

***

विचार-विमर्श, तर्क और सही समय पर सही निर्णय कामयाब नेता के खास गुणों में से एक होते हैं।

***

कोई भी लीडर सिर्फ उस समय तक लीडर होता है, जब तक उसकी टीम उसका साथ निभाती हैं।

***

किसी काम का श्रेय मिले या न मिले, लेकिन सर्वश्रेष्ठ लीडर हमेशा अपना सर्वश्रेष्ठ देना कम नहीं करते।

***

गुणी लीडर अपनी पुरानी गलतियों से सीख तो जरूर लेते हैं, लेकिन उन्हें कभी भी दोहराते नहीं।

***

एक आदर्श टीम लीडर अपने हर साथी के सभी अच्छे कार्यों की तारीफ करना कभी नहीं भूलते।

***

अपने साथियों को प्रभावित करने के लिये होशियार लीडर उनके अंदर हर समय उत्साह भरते रहते हैं।

***

बुद्धिमान टीम लीडर समय की ताकत को समझते हुए ही अपनी टीम के भविष्य का निर्माण करते हैं।

***

बहुत सारे लोग लीडरशिप का मौका सिर्फ इसलिये खो देते हैं, क्योंकि यह मेहनत और संघर्ष मांगती है।

***

एक अच्छे लीडर का मुकाबला सिर्फ अपने प्रतिद्वंद्वियों के साथ ही नहीं बल्कि सारी दुनिया से होता है।

***

सबसे अच्छा इंसान और सफल लीडर बनने के लिये मेहनत के साथ बहुत कुछ त्यागना भी पड़ता हैं।

***

एक लीडर में जब तक अपने अंदर जीत का जुनून न हो, वे दूसरों के अंदर जुनून पैदा नहीं कर सकता।

***

कामयाब लीडर बनने में वही लोग सफल होते हैं, जिन्हें अपनी क्षमता पर पूर्ण रूप से भरोसा होता हैं।

***

टीम लीडर जो कुछ प्रशिक्षण के दौरान सीखते हैं, वह उससे भी आगे बढ़ने का हौसला रखते हैं।

***

सबसे समझदार लीडर दूसरों के साथ-साथ अपनी गलतियों से भी कुछ-न- कुछ नया सीखते रहते हैं।

***

एक बुद्धिमान इंसान को नेता बनने के बाद सिर्फ समाज के विकास की चिंता करनी चाहिए।

***

बुद्धिमान लीडर कामयाबी के सिर्फ सपने ही नहीं देखते, बल्कि उसके लिये जी तोड़ मेहनत भी करते हैं।

***

प्रभावशाली व्यक्तित्व बनाने के लिये बुद्धिमान लीडर स्मार्ट फोन से अधिक अखबार पढ़ने में विश्वास रखते हैं।

***

गुणी लीडर एक और जहां दूसरों के लिये आदर्श बनते हैं, वही वे अपने आदर्श मॉडल को सदा याद रखते हैं।

***

महान लोग जब कभी कोई भी संकल्प लेते हैं, उसके बाद वे उसे सिर्फ पूरा करने के तरीकों को खोजते हैं।

***

जो इंसान हर बात को अच्छे से समझना और समझाना जानते हैं, वे एक सफल लीडर भी बन सकते हैं।

***

अच्छा नेतृत्व करने वाले कभी ऐसा कोई काम नहीं करते, जिससे उनकी टीम को कोई परेशानी हो।

***

बहादुर लीडर में इतनी ताकत होती हैं कि वो निरंतर अपनी टीम का मनोबल बनाएं रख सकते हैं।

***

जोश, उत्साह बहुत कुछ कर सकता है, बस यह गिटार की तार की तरह हर समय कसा हुआ होना चाहिए।

***

साहसी लीडर छोटी-छोटी बातों को सोचने की बजाए हमेशा बड़े लक्ष्य को पाने की बात सोचते हैं।

***

साहसी लीडरों के लिये साहस का मतलब डर से आगे की खोज़ करना होता हैं।

***

जिदंगी में जब भी आगे बढ़ो तो पानी की तरह, क्योंकि पानी का रास्ता तो बदला जा सकता हैं मंजिल नहीं।

***

महान लीडरों की कार्यशैली से प्रभावित हो कर अकसर उनके सहयोगियों की सोच का तरीका ही बदल जाता हैं।

***

कामयाब नेता किसी भी धर्म या जाति की बात करने से पहले अपने नेक कर्मों और इंसानियत की बात सोचते हैं।

***

सिर्फ चुनाव जीत कर नेता बन जाना मायने नहीं रखता, ईमानदारी से राजधर्म निभाना अधिक महत्त्वपूर्ण होता हैं।

***

कामयाब लीडर तभी बना जा सकता है, जब हम अपने मन से हर प्रकार की शंका और दुविधाओं को खत्म कर देते हैं।

***

बुद्धिमान लीडर किसी भी योजना पर निर्णय लेने से पहले उस से जुड़े सभी पहलुओं पर गौर से सोच-विचार करते हैं।

***

सफल लीडर इस बात को समझते हैं कि दुनिया वाले कदर इंसान की नहीं, बल्कि उसके कर्म और गुणों की करते हैं।

***

लीडर सिर्फ कायदे-कानून को समझते ही नहीं, बल्कि वो आम आदमी के हित में कानून बनाने की ताकत भी रखते हैं।

***

एक सफल हुआ लीडर कुछ पाने की लालसा रखने की बजाए दूसरों को कुछ दे कर अधिक खुशी महसूस करता हैं।

***

एक साधारण कार्यकर्ता और लीडर में सिर्फ इतना फर्क होता हैं कि वो किसी भी काम को दूसरों से पहले शुरू करता हैं।

***

जो लोग बेकार की बातों पर ध्यान न देकर सदैव आगे बढ़ना जानते हैं, वही लोग इतिहास में अपना नाम दर्ज करवा पाते हैं।

***

जो लीडर अपने संस्थान के प्रति पूर्ण रूप से समर्पित नहीं होते, उनके सहयोगी भी फिर कठिन समय में साथ नहीं निभाते।

***

समझदार लीडर जानते हैं कि जल्द मिलने वाली चीजें अधिक समय तक नहीं चलती और अधिक समय तक चलने वाली चीजें जल्दी से नहीं मिलती।

***

असल लीडर वही होता है जो सिर्फ अपनी डयूटी के दौरान ही नहीं बल्कि हर दिन, हर पल लीडरशिप की जिम्मेदारी को निभाने का दम रखता हो।

***

व्यावहारिक लीडर न तो किसी वैज्ञानिक विधि से और न ही किसी प्रकार की कला से बनते हैं, वो तो सिर्फ अनुभव की बदौलत ही जलवे बिखेर पाते हैं।

***

अनुभवी लीडर बताते हैं कि न तो अच्छे लोगों को बुरे लोग अच्छे लगते हैं और न ही बुरे लोगों को अच्छे लोग अच्छे लगते हैं।

***

आप चाहे किसी भी संस्थान का नेतृत्व कर रहें हो, लेकिन हर कार्य में आपकी तरफ से कुछ–न–कुछ 'वैल्यू एडिशन' जरूर होते रहना चाहिए।

***

बुद्धिमान लीडर किसी के साथ भी आगे बढ़ने से पहले इतना जरूर मालूम कर लेते हैं कि सामने वाला सही राह पर ही चल रहा हैं।

***

कामयाबी की सीढ़ियां चढ़ने के लिये सफल लीडर बड़े ही सधे तरीके से सोच-समझ कर अपना हर कदम आगे बढ़ाते हैं।

***

कोई भी कुशल लीडर किसी भी नई योजना पर बिना लक्ष्य तय किये और सभी संभावनाओं को जांचे बिना काम शुरू नहीं करते।

***

सफल लीडर उन्हें ही कहा जा सकता है, जिनके पास बेशक कोई ओहदा न भी हो तो भी जमाना उनकी बात सुन कर उनके साथ चलने को तैयार हो जायें।

***

सिर्फ चुनाव जीत लेने से ही कोई कामयाब नेता नहीं बन जाता, उसके लिये जनहित की जरूरतों को पूरा करना भी जरूरी होता हैं।

***

लीडरशिप सिर्फ किसी पद या बड़े ओहदे का नाम नहीं हैं, बल्कि हर काम को प्रभावशाली तरीके से करने और करवाने का हुनर होता है।

***

लीडर अपने हर काम को 110 प्रतिशत देते हैं, क्योंकि वो जानते हैं कि जमाना अतिरिक्त दिये हुए 10 प्रतिशत को ही याद रखता है।

***

कुशल लीडर हमेशा पूरी तैयारी के साथ अपना पक्ष इस तरह से पेश करते हैं कि सामने वाले के पास कोई विकल्प ही नहीं बचता।

***

एक अच्छे लीडर को चाहे कितना भी काम क्यूं न करना पड़े, लेकिन वह कभी भी अपना आत्मविश्वास और 'एनर्जी लेवल' कम नहीं होने देते।

***

नई-नई जानकारी पाने के लिये पुस्तकें, अखबार, इंटरनेट तो मदद करते ही हैं, इसी के साथ जब भी मौका मिले अधिक-से-अधिक नई जगह घूमने की कोशिश करते रहना चाहिए।

***

बुद्धिमान लीडर हर दिन कुछ नया जानने का प्रयास जारी रखते हैं, क्योंकि वो जानते हैं कि रुका हुआ पानी कुछ समय के बाद बदबू मारने लगता है और बहता हुआ पानी समुद्र तक जा पहुंचता है।

***

शूरवीर सूरमे इस बात को जानते हैं कि हर किसी के साथ कुछ न कुछ बुरा हो सकता है, लेकिन वो उससे डट कर मुकाबला करने की ताकत रखते हैं।

***

अधिकतर लोग वही काम करना पसंद करते है, जिसमें उन्हें आनंद मिलता हैं लेकिन बहादुर लीडर हर वो कार्य करने में सबसे आगे रहते है, जो उनकी संस्था के लिये जरूरी होता हैं।

3
टीम और टीम लीडर

विशेषज्ञ लीडर्स की हर क्षेत्र में सदैव जरूरत बनी रहती हैं।

***

अपने साथियों का साथ निभाने के लिये हैसियत नहीं दिल बड़ा होना चाहिए।

***

कोई लीडर उतना ही अच्छा माना जाता है, जितने अच्छे उसके साथी होते हैं।

***

किसी भी संगठन की कामयाबी उसके सहयोगियों की सोच पर निर्भर करती हैं।

***

आप चाहे कुछ भी करो, कहीं भी रहो, लेकिन सदैव सभी के साथ मिलजुल कर रहो।

***

लोगों का नेतृत्व करने के लिये हमेशा उनसे आगे नहीं पीछे चलने का स्वभाव बनाओ।

***

टीम के साथ मिल कर काम करने से बड़े-बड़े काम भी आसानी से पूरे हो जाते हैं।

***

किसी भी संस्था का प्रमुख बनना अच्छी बात है, लेकिन उसका स्वामी बनना ठीक नहीं।

***

होशियार लीडर कभी भी छोटी-छोटी बातों पर अपने सहयोगियों को दूर नहीं होने देता।

***

हर टीम में एक ही लीडर हो सकता है और हर सदस्य को उसकी पूरी इज्जत करनी चाहिए।

***

कोई लीडर उतने ही अच्छे काम कर सकता हैं जितनी अच्छी उसकी टीम की सोच होती हैं।

***

अपने सहयोगियों की भावनाओं को समझे बिना उनके दिल को जीतना बहुत कठिन होता हैं।

***

बुद्धिमान नेता अपने सभी सहयोगियों को सदा ही नेक सीख देने की कोशिश करता रहता हैं।

***

छोटे-छोटे नेक काम उन कड़ियों की तरह होते हैं, जिनसे अच्छे सहयोगियों की जंजीर बनती है।

***

आज भी दुनिया में ऐसे बहुत से फरिश्ते हैं, जो कोई रिश्ता न होते हुए भी हर रिश्ता निभाते हैं।

***

टीम लीडर वो सब कुछ भी सोचते हैं, जिसके बारे में उनके सहयोगी कल्पना भी नहीं कर सकते।

***

जो लीडर अपने साथियों के साथ दोस्ताना व्यवहार रखना जानते हैं, उन्हें कभी कोई परेशानी नहीं होती।

***

यदि आप जमाने को अपने साथ लेकर चलना चाहते हो तो उन्हें पहले कामयाबी का नक्शा दिखाना होगा।

***

कुशल लीडर हर समय तभी आगे बढ़ पाता है, जब उसका कोई भी साथी किसी उलझन में न हो।

***

यह सच है कि पैसा बहुत कुछ कर सकता है, लेकिन वो कभी भी किसी को कामयाब लीडर नहीं बना सकता।

***

कोई भी संगठन जो संघर्ष करने के लिये तैयार नहीं होता, वो कभी सफलता हासिल नहीं कर सकता।

***

बहुत सारी जिम्मेदारियां अपने सहयोगियों को सौंप कर सफलता हासिल करना आसान हो जाता हैं।

***

स्मार्ट लीडर अपने सहयोगियों की हर शंका को दूर करने के साथ उनके गरूर को भी खत्म कर देते हैं।

***

जब सारी टीम मिल कर चुनौतियों का सामना करती है, तो संगठन की ताकत और अधिक बढ़ जाती है।

***

जो लीडर अपने सभी सदस्यों के बारे में सच्चे मन से अच्छा सोचते हैं, उनका कभी कुछ बुरा नहीं होता।

***

जिस किसी को लंबे समय तक अपने करीब रखना हो, उससे थोड़ी दूरी भी बनाए रखना जरूरी होता हैं।

***

सर्वश्रेष्ठ लीडर अपने सदस्यों की गलतियों को उछालने की बजाए उनका समाधान ढूंढने में विश्वास करते हैं।

***

काबिल लीडरों को उनके कर्मों की बदौलत टीम के सहयोगी ही नहीं बल्कि जमाना भी हमेशा याद रखता है।

***

जिस व्यक्ति ने कभी किसी का आदेश मानना नहीं सीखा, वे कभी दूसरों को ठीक से हुक्म भी नहीं दे पाते।

***

जो व्यक्ति जरूरत के मुताबिक बदलाव के लिये तैयार नहीं होते, वे कभी भी एक अच्छे लीडर नहीं बन पाते।

***

बुद्धिमान लीडर अपने साथियों के साथ इस तरह से रिश्ते निभाते हैं कि वही उनकी सबसे बड़ी ताकत बन जाते हैं।

***

एक कुशल लीडर अपने सहयोगियों से सिर्फ हाथ ही नहीं मिला कर चलते, बल्कि दिल से भी पूरा सहयोग करते हैं।

***

जितना आत्मविश्वास सारी टीम में मिला कर होता है, उससे कहीं अधिक विश्वास एक टीम लीडर के मन में होता है।

***

हर व्यक्ति को हमेशा अच्छे से मिलना चाहिए, क्योंकि संगठन में हर व्यक्ति का कुछ-न-कुछ योगदान जरूर होता हैं।

***

सफल नेता से यदि कोई परेशानी में सलाह मांगता है, तो वो सलाह देने के साथ अपना सहयोग भी देना नहीं भूलते।

***

लीडर क्या कहते हैं और क्या करते हैं लोग सब कुछ भूल जाते है, वो तो बस उनके कर्म और व्यवहार को याद रखते है।

***

टीम के साथ काम करने से एक तो काम कई हिस्सों में बंट जाता है, दूसरी और सफलता कई गुना अधिक बढ़ने लगती हैं।

***

अनुभव, ज्ञान और अपने विचारों को सही ढंग से पेश करने की क्षमता से ही लीडर अपनी टीम की अगुवाई कर पाते हैं।

***

सफल लीडर अपनी टीम को उस जगह तक ले जाते हैं, जहा तक उन्होंने कभी सोचने के बारे में सोचा भी नहीं होता।

***

समझदार लीडर इस बात को समझते हैं कि हर समय शक करते रहने से शक और विश्वास करने से विश्वास बढ़ता है।

***

एक टीम में मिलकर काम करने वाले जानते हैं कि जुड़ कर आगे बढ़े तो शेर भी घबराएगा और अगर टूट गये तो गीदड़ भी सताएगा।

***

जब तक हमारी सोच और विचारों में लचीलापन नहीं होता, हम किसी भी संस्था का नेतृत्व ठीक ढंग से नहीं कर पाते।

***

कोई भी काम, चाहे अपनी मर्जी से करो या किसी से सीख कर करो, लेकिन जो कुछ भी करो वो सबसे बेहतर होना चाहिए।

***

नये-नये विचारों के बारे में सोचना अच्छी बात है, लेकिन जब तक उन पर अमल शुरू नहीं करेंगे, कुछ भी नहीं हो पायेगा।

***

कई बार जो कुछ हमें दिखाई देता है, वो हमेशा सच नहीं होता, क्योंकि कहीं धोखे में आंखें हैं और कहीं आंखों में धोखा होता है।

***

कोई भी व्यक्ति तभी कामयाब लीडर बन सकता है, जब वो उन उपदेशों पर अमल करना शुरू करता है, जो वो दूसरों को देता है।

***

टीम लीडर तभी सफल हो पाते हैं, जब वो अपनी सारी टीम को अधिक सपने दिखाने के साथ उन्हें पूरा करने के लिये प्रेरित भी कर सकें।

***

टीम लीडर को अपना हर कार्य बहुत ही सोच-समझ कर करना चाहिए, क्योंकि उसके साथी उसकी हर गलती को सदा याद रखते हैं।

***

सफल लीडर जो कुछ भी अपनी टीम के सदस्यों को कहते हैं, उनकी हर बात में कुछ-न-कुछ नया सीखने की प्रेरणा जरूर होती है।

***

किसी टीम का अंदाजा इस बात से लगाया जा सकता हैं कि यदि सारी चिड़िया भी एकता कर लें तो शेर की खाल खींच सकती है।

***

जो लीडर खुद कायदे-कानून को ठीक से नहीं मानते, वो अपने सहयोगियों से भी फिर नियमों के हिसाब से काम नहीं करवा पाते।

***

कामयाब लीडर यदि अपनी टीम के सबसे कमजोर कार्यकर्त्ता को सुधार लेते हैं, तो वो अपनी सारी टीम को मजबूत बनाने में कामयाब हो सकते हैं।

***

टीम में एकजुटता बनाए रखने के लिये टीम लीडर को कई बार अपने साथियों की कुछ गलतियों को भी अनदेखा करना पड़ता है।

***

टीम लीडर अपने सदस्यों की इस कमजोरी को जानते हैं कि पहली बार दी गई महत्त्वपूर्ण सलाह अकसर नज़रअंदाज की जाती हैं।

***

एक साथ चलना या एक साथ काम करना ही काफी नहीं होता, बल्कि एक साथ सफलता हासिल करने में ही असली मज़ा होता है।

***

सफलता पाने वाले लीडर एकता के महत्त्व को अच्छे से समझते हैं, क्योंकि किसी भी बड़े लक्ष्य को अकेले हासिल नहीं किया जा सकता।

***

लीडर लोग जानते हैं कि यह दुनिया इसलिये बुरी नहीं हैं कि यहां के लोग बुरे हैं, बल्कि इसलिये बुरी है क्योंकि यहां लोग अकसर खामोश रहते हैं।

***

लेखक का जीवन देखने में तो बहुत ही सरल दिखता है, लेकिन उसे भी अपनी बात दूसरों को समझाने के लिये लीडरों की तरह संघर्ष करना पड़ता हैं।

***

कई बार हालात कुछ ऐसे बन जाते हैं कि पहले से बनाई हुई सभी योजनाएं फेल हो जाती हैं। ऐसे में बुद्धिमान लीडर अपने अनुभव से सारी टीम का मनोबल बढ़ाने का काम करते हैं।

***

कामयाब नेता जानते हैं कि एकता का किला सबसे सुरक्षित होता है। न तो उसे कोई तोड़ सकता है और न ही उसमें रहने वाले कभी परेशान होते हैं।

***

टीम लीडर हमेशा बुरे नहीं होते, लेकिन अपने सहयोगियों को सुधारते समय कई बार इतनी परेशानियां झेलनी पड़ती हैं कि उनके स्वभाव में रूखापन झलकने लगता हैं।

***

बुद्धिमान लीडर कई बार इसलिये नहीं झुकते कि वो गलत होते हैं, बल्कि वो तो इसलिये झुक जाते हैं कि उनके रिश्ते अपने सहयोगियों के साथ मजबूत बनें रहें।

***

बहादुर टीम लीडर वही होते हैं जो या तो कुछ अनोखा कर के दिखाते हैं या सभी के सामने अपनी कमी स्वीकार करने की हिम्मत रखते हैं।

***

जीवन में कुछ बनना ही चाहते हो तो उदाहरण बनो, क्योंकि जिंदगी तो कभी भी खत्म हो जाती है, लेकिन उदाहरण सदैव जिंदा रहते हैं।

***

चतुर लीडर अपना ध्यान तो लक्ष्य पर ही रखते हैं, लेकिन साथ ही वो अपने आसपास होने वाली हर घटना को भी अनदेखा नहीं करते।

***

होशियार लीडर बेकार की सोच में समय गंवाने की बजाए उस काम को इस तरह से करते हैं कि हर किसी को अचंभा होने लगता हैं।

***

बड़ी-बड़ी बातें करने वाले तो बहुत लोग होते हैं, लेकिन जो कोई कुछ करिश्मे, कर के दिखाते है, वही असल जिंदगी में कामयाब लीडर बन पाते हैं।

***

बुद्धिमान लीडरों को अगर समुचित संसाधान और सहकर्मियों का सहयोग नहीं भी मिलता तो भी वो अपनी योजना को पूरा किये बिना दम नहीं लेते।

***

आप भी अगर अपना नाम विशेष दर्जे के व्यक्तियों की सूची में करवाना चाहते हो तो फिर कहानियों के किरदार में क्यू इतिहास के पन्नों में दर्ज करवाओं।

***

अगर आप सबसे कामयाब टीम लीडर बनना चाहते हैं, तो एक बात हमेशा याद रखना कि आपके सिवाए यह काम कोई दूसरा नहीं कर सकता।

4
पहचाने अपने हुनर को

सबसे बहादुर लीडर वही होते हैं, जो अपनी कमजोरियों को अच्छे से पहचानते हैं।

***

आज तक कोई भी लीडर बिना उत्साह के कभी किसी लक्ष्य को प्राप्त नहीं कर पाये।

***

जब तक हम स्वयं को अच्छे से नहीं जान पाते, हम दूसरों का नेतृत्व नहीं कर सकते।

***

कामयाब लीडर बनने के लिये हर कार्य को सच्ची साधना से करना पड़ता है।

***

अनुभवी प्रबंधक बातें करने की बजाए अभ्यास करने पर अधिक जोर देते हैं।

***

जिस व्यक्ति ने संघर्ष करने का स्वभाव बना लिया, उसे फिर कोई नहीं हरा सकता।

***

सफल लीडर बनने के लिये जीनियस होने के साथ कॉमनसेंस का होना भी बहुत जरूरी होता हैं।

***

अकसर वही लोग चुनौतियों से घबराते हैं, जो अपनी क्षमता का ठीक से आकलन नहीं कर पाते।

***

सफल प्रबंधक किसी भी नये कार्य की शुरुआत करते समय अतीत को अपने साथ लेकर नहीं चलते।

***

यह दुनिया अकसर उन लोगों को बहुत सस्ते में लूट लेती हैं जो खुद अपनी कीमत आंकना नहीं जानते।

***

कामयाब नेता सबसे पहले अपनी अंदरूनी कमजोरियों को देख कर उन्हें दूर करने का प्रयास करते हैं।

***

एक सफल लीडर अपने हर लक्ष्य को पाने के लिये पूरे आत्मविश्वास और लगन के साथ कार्य करते हैं।

***

किसी भी सपने को सच करना आसान नहीं होता, लेकिन अपने प्यारे सपनों को भूलना भी बहुत कठिन होता है।

***

कभी भी यह मत सोचो कि आप कमजोर है, आपके अंदर आंतरिक शक्तियों का भंडार छिपा हुआ हैं।

***

कुशल लीडर कोई भी महत्त्वपूर्ण निर्णय लेने से पहले अपनी बुद्धि से अच्छे-बुरे का आकलन जरूर करते हैं।

***

अपनी टीम के साथ आपसी मतभेद सुलझायें बिना कोई भी लीडर सफलता हासिल नहीं कर पाते।

***

मुश्किलें असल में हमारी परीक्षा लेती हैं, उनसे हमें डरने की बजाए अपनी हिम्मत बढ़ाते रहना चाहिए।

***

वही लीडर सदैव तरक्की कर सकते हैं, जो दूसरों के साथ-साथ अपना भी मूल्यांकन करना जानते हो।

***

असली नेता अपना अनुसरण करने वाले नहीं बनाते, बल्कि वो दूसरों के गुणों को निखार कर उन्हें अपने जैसा बनाते हैं।

***

हमारे अंदर क्या कुछ करने की क्षमता है, इसके बारे में सोचने की बजाए उसे साबित कर के दिखाना पड़ता है।

***

बुद्धिमान लीडर अपना हर काम इस तरह से करते हैं कि सदैव उनकी पहचान दूसरों से अलग बनी रहें।

***

निडर लीडर जानते हैं कि सफल होने में थोड़ा समय जरूर लगता है, लेकिन कामयाबी जरूर मिलती हैं।

***

हमारी सफलता इस बात पर निर्भर करती है कि हम क्या सोचते हैं, क्या करते हैं और कैसे करते हैं।

***

जो व्यक्ति जोखिम उठा कर कोई काम करना जानते हैं, वही अपनी क्षमता को ठीक से पहचान पाते हैं।

***

हर नामुमकिन काम को मुमकिन बनाने की क्षमता आप में है, आप विश्वास रखिए आप इसे कर सकते हैं।

***

हम आपको कुछ नया नहीं सिखा रहे, बस आपकी पहचान आपके अंदर छिपे हुए हुनर से करवा रहे हैं।

***

अपने आप को जानने के लिये सबसे अच्छा प्रयास यही है कि हर दिन अपने सामने एक नया लक्ष्य खड़ा कर दो।

***

आज तक किसी भी लीडर को दूसरे लोगों ने ताकत नहीं दी, हर लीडर को यह खुद ही हासिल करनी पड़ती है।

***

जैसे-जैसे समाज में प्रतिस्पर्धा बढ़ती जा रही है, वैसे ही कुशल लीडरों को अपनी कुशलता बढ़ाने की जरूरत भी बढ़ रही है।

***

अच्छे लीडर्स का सबसे बड़ा गुण यही होता है कि वह समस्याओं को न देख कर उनके हल ढूंढने का प्रयास करते हैं।

***

सफल लीडर का एक मात्र लक्ष्य अपनी मंजिल को पाना होता हैं। उससे पहले न तो वो थकते हैं और न ही कभी रुकते हैं।

***

एक होशियार लीडर दूसरों को रास्ता बताते समय इस बात का पूरा ध्यान रखते हैं कि वो अपने रास्ते से न भटके।

***

यदि हम अपना हर काम समय पर शुरू कर दे तो किसी भी लक्ष्य को हासिल करना कठिन नहीं रह जाता।

***

कभी भी एक साथ बहुत सारे काम शुरू नहीं करने चाहिए वरना कोई भी काम समय पर पूरा नहीं हो पायेगा।

***

प्रतिभावान लीडर सिर्फ आज-कल के बारे में ही नहीं सोचते, वो आने वाले कई बरसों की योजना को ध्यान में रखते हुए हर कार्य करते हैं।

***

कुशल टीम लीडर कभी भी अपने सभी साथियों को एक ही तराजू में नहीं तोलते, क्योंकि हर किसी में कुछ-न-कुछ खास गुण जरूर होते हैं।

***

जो छात्र नेता अपनी भावनाओं को ठीक ढंग से व्यक्त करना सीख लेते है, वे बहुत जल्द अपनी अलग पहचान बनाने में कामयाब हो जाते हैं।

***

हर किसी के पास लीडर बनने की प्रतिभा नहीं होती, लेकिन उस प्रतिभा को विकसित करने के लिए अवसर हम सभी के पास जरूर होते हैं।

***

एक लीडर अच्छे नतीजे तभी पा सकता है, जब वह सबसे पहले खुद सच्चाई को स्वीकार करें और अपनी सारी टीम को भी उससे अवगत करवाएं।

***

गुणी टीम लीडरों के मुताबिक आपसी रिश्ते खराब होने की एक वजह यह भी होती है कि कुछ लोग बिलकुल भी झुकना पसंद नहीं करते।

***

किसी भी लक्ष्य को पाने के लिये कार्यकर्ता कम हो या ज्यादा इस बात से अधिक महत्त्वपूर्ण यह होता है कि नेतृत्व सही होना चाहिए।

***

कामयाब लोग जिस भी चीज या व्यक्ति को देखते हैं, उसे पूरी तरह से समझने का प्रयास करते हैं कि यह आज और भविष्य में कैसी होगी।

***

टीम के सदस्य अकसर यह तो जानते हैं कि वो क्या हैं, लेकिन वो क्या कुछ अनोखा कर सकते हैं, यह एक कुशल लीडर ही उन्हें बताता है।

***

एक लीडर के पास सफल होने के कितने हुनर हैं, यह अधिकतर लोग नहीं जानते, लेकिन उसकी कमियों के बारे में हर कोई जानता है।

***

हर बार सफलता हासिल करने वाले लीडर जानते हैं कि अपने औज़ारों को धार दिये बिना कोई भी शिल्पकार अच्छी कारीगिरी नहीं कर पाते।

***

सफल लीडर के पास बुलंद आवाज और शब्दों का सही ढंग से इस्तेमाल करने की कला का होना भी बहुत जरूरी होता है।

***

कुशल लीडर कभी भी हवाई बातें नहीं करते, वे अपना हर निर्णय बहुत ही सोच-समझ कर सही समय पर लेते हैं।

***

सफल लीडर अपने लक्ष्य को हासिल करने के लिये दूसरों का इंतजार नहीं करते, बल्कि अकेले ही आगे बढ़ना पसंद करते हैं।

***

टीम लीडर का हर विचार प्रभावशाली तो होना ही चाहिए, साथ ही उन विचारों से अपनी टीम के सदस्यों को प्रेरित भी कर सकें।

***

समझदार लीडर अगर किसी विषय में अनजान होते हैं, तो वो डींगे मारने की बजाए सामने वाले से उस विषय को जानने का प्रयास करते हैं।

***

समझदार लीडर हर समय अपने आप से सवाल करते रहते हैं और जहां कहीं उन्हें कोई कमी दिखाई देती है, सबसे पहले उसे सुधारने का प्रयास करते हैं।

5

लीडरशिप है जीत-हार का खेल

जीत हासिल करने का आनंद संघर्ष करने से ही आता है।

***

लगन और जुनून के बिना कभी कोई लीडर कामयाब नहीं हो पाता।

***

दृढ़ निश्चय से ही अकसर हर हार को जीत में तबदील किया जा सकता है।

***

जुनून के बिना न तो इंसान आगे बढ़ पाता है और न ही सफल हो सकता है।

***

सफल नेता जानते हैं कि लहरें समुद्र और राजनीति दोनों में ही अस्थाई होती है।

***

अपनी टीम बनाते समय कुशल-से-कुशल लोगों को भी प्रशिक्षित करना पड़ता है।

***

उन लोगों से बहुत सावधान रहना चाहिए, जिनकी कथनी और करनी में फर्क होता है।

***

यह सच है कि दुःख हमें बहुत सताता है, लेकिन यही तो है जो सुख का महत्त्व बताता है।

***

बार-बार किसी व्यक्ति का एहसान लेना आपके लिये बड़ी परेशानी खड़ी कर सकता है।

***

कुशल लीडर जिंदगी में आने वाले हर उतार-चढ़ाव को खुशी से स्वीकार करते हैं।

***

हर टीम में कुछ गलत लोग आ ही जाते हैं, लेकिन सीख हमेशा सही ही दे कर जाते हैं।

***

जीत-हार हमारे जीवन का अभिन्न अंग हैं, इन्हें आज से ही अपने स्वभाव में शामिल कर लो।

***

सफलता हासिल करने के साथ यह भी महत्त्वपूर्ण होता है कि आपने यह सफलता कैसे पाई।

***

जो तकलीफ हम खुद बर्दाश्त नहीं कर सकते, वो कभी किसी दूसरे को भी नहीं देनी चाहिए।

***

जीत हर किसी को अच्छी लगती है, लेकिन कुछ रिश्तों में हार जाना ही बेहतर होता है।

***

सफल लीडर इस बात को समझते हैं कि जीत और भरोसा कभी भी किश्तों में नहीं जीता जाता।

***

अगर कोई काम आसानी से हो सकता है, तो उसके लिये हमें संघर्ष का नाटक नहीं करना चाहिए।

***

सुझवान प्रबंधक कभी भी किसी ऐसे कर्मचारी को अपने साथ नहीं रखते, जिसे वो बदल नहीं सकते।

***

सुलझे हुऐ लीडर कभी भी जीतने से पहले जीत और हारने से पहले हार स्वीकार नहीं करते।

***

निडर लीडर अपनी किस्मत से अधिक अपनी हिम्मत पर भरोसा रखते हैं।

***

चुनौतियों से घबराने वाले व्यक्ति कुछ नया करने की बजाए सदैव तनावग्रस्त रहते हैं।

***

अधिक-से-अधिक चुनौतियों को स्वीकार करने वाले ही कामयाब लीडर बन पाते हैं।

***

साहसी लीडर अपने मन का डर केवल अपने तक और अपनी हिम्मत दूसरों के साथ बांटते हैं।

***

बहादुर लीडर किसी भी प्रकार के डर को अपने भविष्य पर हावी नहीं होने देते।

***

अभी तक कामयाबी के बारे में जितना कुछ लिखा जा चुका है, उससे भी अच्छा अभी लिखा जाना बाकी है।

***

जब तक हम हार-जीत की चिंता से ऊपर नहीं उठते, उस समय तक एक अच्छे लीडर नहीं बन सकते।

***

जिस समाज में विकास की बजाए धर्म और जाति की अधिक चिंता हो, वह कभी समाज भी तरक्की नहीं कर पाता।

***

होशियार लीडर अपने उच्च विचारों से अपनी सारी टीम को सदैव संघर्ष के लिये प्रोत्साहित करते रहते हैं।

***

जीत-हार का निर्णय करना लीडर का काम नहीं होता, उसका तो एक मात्र ध्येय सिर्फ संघर्ष करना ही होता है।

***

जिस संस्था के सदस्य कायदे-कानून न मानते हो, उसका लीडर बनने की भूल कभी नहीं करनी चाहिए।

***

कमजोर नेता हर काम को असम्भव समझते हैं, जबकि बहादुर लीडर कठिनाइयों से नहीं डरते।

***

अपने लक्ष्य के बारे में चिंता करना अच्छी बात है, लेकिन सेहत और दौलत को भी अनदेखा नहीं करना चाहिए।

***

बहादुर लीडर इस बात को कभी नहीं भूलते कि जब तक सांस है, तब तक टकराव और घाव तो मिलते ही रहेंगे।

***

हर समय तनाव में रहने वालों की मनोवृत्ति इस कदर प्रभावित होती है कि वे लोग कभी भी कुशल मार्गदर्शक नहीं बन पाते।

***

सबसे अधिक कामयाब होने के लिये आप वो सभी काम करने का प्रयास करो, जिन्हें दूसरे लोग करने से अकसर घबराते हो।

***

अनुभवी लीडर किसी काम के बारे में जैसा सोचते हैं, अगर वो नहीं भी पूरा हो पाता तो भी निराश नहीं होते।

***

हर लीडर को ऐसे लोगों से सदा बचना चाहिए जो मुंह पर तो मीठी बातें, लेकिन पीठ पीछे हर समय निंदा करते हो।

***

समझदार बॉस सफलता हासिल करने के लिये छलांग लगाने की बजाए हमेशा एक-एक कदम ही आगे बढ़ाते हैं।

***

असफलता में भी इतनी ताकत तो होती है कि वह इंसान को कसौटी पर परखती और आगे बढ़ने का साहस देती है।

***

कोई भी लीडर तभी सफल हो पाता है, जब वह दूसरों की आलोचना से अपने लिये एक मजबूत आधार तैयार करता है।

***

किसी भी लीडरशिप के अंत की शुरुआत उसी दिन से हो जाती है, जब वो गंभीर मुद्दों को अनदेखा करना शुरू कर देते हैं।

***

समझदार लीडर अपनी क्षमता और उत्पादकता को बढ़ाने के लिये हर दिन कुछ-न-कुछ नई खोज़ का प्रयास जरूर करता है।

***

महान लीडरों की जिंदगी में एक ही सबसे बड़ा सवाल होता है कि हमने आज तक दूसरों के लिये क्या कुछ बेहतर किया है।

***

जब तक टीम के सभी सदस्य दिल से साथ न दे, उस समय तक जीत के सपने को हकीकत में नहीं बदला जा सकता।

***

मुश्किल समय दुनिया का सबसे बड़ा जादूगर होता है, जो एक ही पल में हमारे चाहने वालों के चेहरे से नकाब हटा देता है।

***

जिंदगी में खुशी को पाना हो तो हंस कर जीना पड़ेगा, क्योंकि सिर्फ जिंदगी काटने से कभी किसी को खुशी नहीं मिलती।

***

हर बुद्धिमान लीडर इस बात को जानते हैं कि बुराई आसानी से हार नहीं मानती और अच्छाई कभी किसी से हारती नहीं।

***

समझदार और साहसी लीडर उस काम को भी अकेले करने का हौसला रखते हैं, जो जनहित के कल्याण में होता है।

***

जब तक एक लीडर अपनी 'नींद और निंदा' पर काबू नहीं पा लेता, उस समय तक विजय हासिल करना कठिन होता हैं।

***

अगर आप जल्दी से सफल लीडर बनना चाहते हैं, तो अपनी गलतियों से घबराने की बजाए सीख लेना शुरू कर दो।

***

निडर लीडर सिर्फ इतना जानते हैं कि अगर हम नहीं कर सकते तो दूसरे कैसे करेंगे, अगर आज नहीं करेंगे तो फिर कब करेंगे।

***

निडर नेता उस काम को करने में सबसे अधिक आनंद महसूस करते हैं, जिसके लिये दूसरे लोग कहते हैं, यह तुम नहीं कर पाओगे।

***

जहां तक मुमकिन हो सके अपना आत्मविश्वास बनाएं रखें, आपकी परेशानियां एक दिन खुद परेशान हो कर आप से दूर हो जायेगी।

***

अगर आप चाहते हो कि हर जगह आपकी ही बात हो तो फिर उसके लिये आज से ही अपने अंदर कुछ खास बात पैदा करनी शुरू कर दो।

***

अनुभवी कप्तान सफल होने के लिये सबसे अधिक ज्ञान और उस पर ठीक ढंग से अमल करने की क्षमता पर ही भरोसा करते हैं।

***

बुद्धिमान लीडर परेशानी के दौर को भी बुरा नहीं समझते, क्योंकि वो जानते हैं कि हर बुरी घटना अच्छे भविष्य की नींव रखती है।

***

मन में खुशी हो तो एक बूंद भी बरसात की तरह लगती है, वरना दुखी मन के आगे तो समुद्र की भी कोई औकात दिखाई नहीं देती।

***

अपने लक्ष्य को हासिल करना चाहते हो तो बहरे बन जाओ, क्योंकि चंद लोगों को छोड़ कर बाकी सब पीछे खींचने वाले ही होते हैं।

***

जो लीडर अपने साथियों को ठीक से नहीं समझ पाता, वो फिर उन्हें अच्छा समझें या बुरा, उसकी टीम को भी कोई फर्क नहीं पड़ता।

***

कुछ बातों के मतलब होते हैं और कुछ मतलब की बातें, जो व्यक्ति इतनी- सी बात को समझ लेता है, वही अच्छा टीम लीडर बन जाता है।

***

जिस व्यक्ति को अच्छे गुणों की पहचान नहीं होती, उसकी प्रशंसा से बचना चाहिए और जो गुणों को अच्छे से समझता हो, उसके मौन से डरना चाहिए।

***

किसी भी लीडर को अपने लिये समय निकाल पाना कठिन होता है, लेकिन फिर भी हर हाल में कुछ समय अकेले अपने साथ बिताना बहुत जरूरी होता है।

***

हमें कभी भी अपने आप को दुनिया से अलग नहीं समझना चाहिए, अगर महान लोगों के जीवन में परेशानियां आ सकती हैं, तो हमारे जीवन में क्यूं नहीं आ सकती।

***

आप आज से पहले कितनी बार असफल हो चुके हैं, इससे किसी को

कोई फर्क नहीं पड़ता, लेकिन आप आज क्या कुछ करते हैं, इसी से आपकी छवि बनती या बिगड़ती है।

***

जिन पौधों की परवरिश हमेशा छांव में होती हैं, वह अकसर कमजोर होते हैं और जिनकी परवरिश कड़कती धूप में होती है, वह हर मौसम की मार को आसानी से झेल लेते हैं।

***

अगर आपको कोई बेवजह परेशान कर रहा है, तो आपको कोई प्रतिक्रिया देने की जरूरत नहीं होती, क्योंकि नकारात्मक लोगों को खुश करने की जिम्मेदारी आपकी नहीं बनती।

***

समझदार लीडर उस पल को भी बुरा नहीं मानते, जिसने उन्हें कोई ठोकर लगाई हो, बल्कि वो तो उसकी भी कद्र करते हैं कि उसी से उन्होंने कुछ नया सीखा है।

***

जीत-हार, परेशानियां सब कुछ हमारे जीवन का हिस्सा होती है, लेकिन आत्मविश्वासी लीडर बिना विचलित हुए इनका आसानी से सामना करने की क्षमता रखते हैं।

***

अकसर कहा जाता है कि डर से कभी भी डरना नहीं चाहिए, लेकिन हमें यह नहीं भूलना चाहिए कि कोई भी इंसान ऐसा नहीं है, जो किसी-न-किसी चीज से डरता न हो।

***

नकारात्मक सोच वाले कहते हैं कि थोड़े समय के लिये जिंदगी है, हम ने लीडर बन कर क्या करना है, जबकि सकारात्मक सोच वाले कहते कि अगर जीवन मिला है, तो कुछ अनूठा कर के दिखाना चाहिए।

6
साधारण नहीं असाधारण बनें

हर क्षेत्र में सफलता दिलाने वाले लीडर भी किसी जादूगर से कम नहीं होते।

***

संघर्ष से पहले कुछ पाने की उम्मीद रखने वाले कभी भी सफल नहीं हो पाते।

***

हर लीडर को अपनी काबिलीयत संघर्ष के साथ ही सिद्ध करनी पड़ती है।

***

सच्ची लगन के बिना महान लीडर बनने का सपना पूरा नहीं हो सकता।

***

सबसे बहादुर लीडर कभी किसी से बदला लेने की भावना नहीं रखते।

***

कड़ी मेहनत और संघर्ष के बिना कभी कोई संस्था तरक्की नहीं कर पाती।

***

बहादुर लीडर न तो किसी को बेवजह डराते हैं और न ही किसी से डरते हैं।

***

इतिहास में एक भी ऐसा नाम नहीं है, जिसने आसानी से लीडरशिप पाई हो।

***

संघर्ष के बिना आज तक किसी भी लक्ष्य को हासिल नहीं किया जा सका।

***

अनुभवी लीडर कभी भी अपने सदस्यों के बीच उत्साह की कमी नहीं आने देते।

***

बहादुर लीडर सिर्फ लीडर होते हैं, वे कोई खास किस्म के इंसान या औरतें नहीं होती।

***

सर्वश्रेष्ठ गुणों को अपनाए बिना महान लीडर बनने का सपना सच नहीं किया जा सकता।

***

अच्छी सोच वाले लीडर हमेशा याद रहते हैं लोगों के दिलों में भी और इतिहास में भी।

***

कोई भी जीत एक चढ़ाई की तरह कठिन होती है, लेकिन उसका नज़ारा बहुत ही शानदार होता है।

***

एक लीडर को सदैव दूसरों से कुछ अलग कर दिखाने के लिये संघर्ष करते रहना चाहिए।

***

आत्मविश्वासी लीडर हर प्रकार की विपत्तियों को झेलने के बाद भी मुस्कराकर जीवन जीना जानते हैं।

***

जो व्यक्ति सच्चे मन से कुछ अनूठा करने की ठान लेते हैं, वो एक-न-एक दिन बड़ा लीडर बन ही जाते हैं।

***

एक कुशल कप्तान अपने हर मिशन को इस तरह से अंजाम देते हैं कि वह सदा के लिये यादगार बन जाएं।

***

कोई भी लीडर तभी कामयाब हो पाते हैं, जब अपने सभी सहयोगियों का विश्वास हासिल कर लेते हैं।

***

महान लीडर अपने साथियों की छोटी-मोटी गलतियां देख कर भी उनका मज़ाक नहीं उड़ाते।

***

ज्ञान की बदौलत कोई भी टीम लीडर अपनी दौलत और समृद्धि को जितना चाहे बढ़ा सकते हैं।

***

सफल होने वाले लीडर इस बात को समझते हैं कि इस राह पर उनका सामना कई बार असफलता से भी होगा।

***

बड़े-बड़े दावे करने से नहीं बल्कि बेहतर प्रदर्शन दिखाने से ही किसी भी लीडर की काबिलीयत मालूम चलती है।

***

किसी भी लक्ष्य को समय से पहले हासिल करना अच्छी बात है, लेकिन उसके अहंकार से सदा बचना चाहिए।

***

प्रतिभाशाली लीडर मान-सम्मान की परवाह किये बिना अपना सारा ध्यान सिर्फ लक्ष्य पर केंद्रित रखते हैं।

***

अगर आप चाहते हैं कि आपका सिर हमेशा ऊंचा रहें तो आज से ही पूरी लगन से प्रयास शुरू कर दो।

***

उस लीडर को हराना सबसे मुश्किल काम है, जो किसी भी हालात में हार मानने को तैयार न हो।

***

अधिकतर नई चीजों की खोज़ महान वैज्ञानिकों की असफलता के बाद ही ज़माने के सामने आ पाई है।

***

जो प्रबंधक अपने मन को काबू में नहीं रखना जानते, उनके लिये इससे बुरा कुछ नहीं हो सकता।

***

बुद्धिमान लीडर दूसरों को अपना बनाने के साथ-साथ खुद भी दूसरों का बन कर रहना जानते हैं।

***

साधारण इंसान से प्रतिभावान बनने के लिये बस थोड़ी-सी मेहनत और लगन की जरूरत होती है।

***

साहसी लीडर दूसरों से युद्ध करने की बजाए पहले अपने आप से लड़ना पसंद करते हैं।

***

प्रगितशील विचारों पर अमल करने के लिये हमें अपना दिल और दिमाग दोनों ही खुले रखने चाहिए।

***

नकारात्मक हालात में भी सकारात्मक सोच बनाए रखना एक कामयाब लीडर की निशानी होती है।

***

सबसे प्रभावशाली लीडर अपना सारा ध्यान सकारात्मक सोच-विचार में ही लगाते हैं।

***

जिदंगी में कभी भी कोई ऐसा काम नहीं करना चाहिए, जिसे करने में हमारी आत्मा ही हमारा साथ देने से मना कर दें।

***

अगर सच्चे दिल से जमाने का नेतृत्व करना चाहते हो, तो अपनी सभी बुरी आदतों को जल्दी से छोड़ देना ही बेहतर होता है।

***

हर इंसान की ख्वाहिश होती है कि सभी लोग उसे पहचानें, पर साथ ही इस बात से भी डरता है कि कोई उसकी कमियों को सही में न पहचान लें।

***

जैसे एक मजबूत चट्टान को हवा से फर्क नहीं पड़ता, वैसे ही एक आत्मविश्वासी लीडर को दुःख या सुख से कोई फर्क नहीं पड़ता।

***

संघर्ष करने का सबसे अधिक फायदा उस समय उठाया जा सकता है, जब आपके सामने एक के बाद एक परेशानियां आ रही हो।

***

किसी व्यक्ति का लक्ष्य चाहें कितना भी कठिन क्यूं न हो, लेकिन उसे पाने के लिये हर समय तत्पर और तैयार रहना जरूरी होता है।

***

जहां तक हो सकें युवा शक्ति को साथ लेकर ही आगे बढ़ना चाहिए, क्योंकि यही लोग समाज और देश की सबसे बड़ी ताकत होते हैं।

***

बहादुर लीडर कभी भी अच्छी राह की कामना नहीं करते, बल्कि उसकी चाहत तो यह होती है कि वो जिस राह पर आगे बढ़े वह राह शानदार बन जायें।

***

सदा विजयी रहने वाले अपने काम के साथ-साथ शारीरिक, मानसिक और भावनात्मक संतुलन भी बनाए रखने में विश्वास रखते हैं।

***

दूसरे लोगों को बार-बार अपने काम की सफाई देने से कुछ नहीं होता, क्योंकि उन्हें सिर्फ वही बात समझ आती है, जो वो सुनना चाहते हैं।

***

जब तक टीम के हर सदस्य को बोलने के लिये प्रोत्साहित नहीं किया जाएं, उस समय टीम लीडर अपनी संस्था में सुधार नहीं कर सकते।

***

एक ही बात को बार-बार समझाने में समय बेकार नहीं करना चाहिए, क्योंकि आजकल लोग सिर्फ अपने मतलब की बात सुनना ही पसंद करते हैं।

***

अपने लक्ष्य की ओर आगे बढ़ते समय अगर किसी बात पर कोई भी शंका हो तो उसके बारे में प्रश्न पूछने से कभी भी घबराना नहीं चाहिए।

***

सब कुछ खुद करने की बजाए कुछ बातें भगवान के लिये भी छोड़ देनी चाहिए, क्योंकि वो जानते हैं कि हमारे लिये क्या कुछ अच्छा या बुरा है।

***

बड़ा पद मिलने के साथ नये रिश्ते बनाना अच्छी बात है, लेकिन पुराने रिश्तों को न तो कभी भूलना और ना ही छोड़ना चाहिए।

***

कॉलेज में रहते हुए जितना हम तीन-चार साल में भी नहीं सीख पाते, कॉलेज से बाहर आने के बाद एक साल में उससे कहीं अधिक सीख जाते हैं।

***

बुद्धिमान नेता इधर-उधर की बातें करने की बजाए रचनात्मक बातों को प्राथमिकता देते हैं, क्योंकि इनके बिना समाज का विकास मुमकिन नहीं हो पाता।

***

ऐसा सोचना बिलकुल गलत है कि सफल लीडर की जिंदगी में कभी कोई कठिनाई नहीं आती, असल में वो परेशानी की ओर ध्यान देने की बजाए उसके हल खोजने में विश्वास रखते हैं।

***

परिस्थितियां चाहे जैसी भी हो, लेकिन साहसी लीडर घबरा कर पीछे जाने की बजाए वहीं से नई शुरुआत करते हुए भी मंजिल को हासिल कर लेते हैं।

***

कुछ खास किस्म के लीडर अपनी रचनात्मक कार्यशैली से ऐसे-ऐसे

कार्य कर जाते हैं कि वो दूसरों को ही नहीं बल्कि स्वयं को भी आश्चर्य में डाल सकते हैं।

***

बुद्धिमान लीडर हर प्रकार की गलतफहमी दूर करने के लिये अपने साथियों के बारे में किसी से बात करने की बजाए सीधे उन्हीं से बात करना पसंद करता है।

***

जिस तरह चील की ऊंची उड़ान को देख कर चिड़ियों को कभी जलन नहीं होती, उसी तरह हमें भी दूसरे इंसानों की ऊंची उड़ान को देख कर ईर्ष्या नहीं करनी चाहिए।

***

सफल नेतृत्व करने वाले अपनी टीम को वहां तो ले जाते ही हैं, जहां तक उन्हें दिखाई देता है, वहां पहुंचने के बाद वो आगे की मंजिल भी ढूंढ निकालते हैं।

***

कुशल लीडर मीठा झूठ बोलने की बजाए सदैव कड़वा सच बोलते हैं, क्योंकि इससे उनको बेशक सच्चे दुश्मन मिल जायें, लेकिन कभी भी झूठा सहयोगी नहीं मिलेगा।

***

एक बात सदैव याद रखनी चाहिए कि किस्मत बेशक हमारे हाथ में नहीं होती, लेकिन सही निर्णय लेना तो हमारे हाथ में ही होता है।

***

सफल कप्तान अपनी सारी टीम के सदस्यों पर इसलिये भरोसा करते हैं क्योंकि वो जानते हैं कि किसी भी नींव का सबसे मजबूत पत्थर सबसे नीचे वाला ही होता है।

***

सफल लीडर बनने के लिये महान लीडरों की पुस्तकें पढ़ते रहने चाहिए,

क्योंकि इसी से हम बहुत सारी ऐसी बातों के बारे में जान पाते हैं, जिसके लिये दूसरों ने कठिन मेहनत की होती है।

***

एक कामयाब टीम लीडर 'स्वाद और विवाद' से सदैव दूर रहते हैं, क्योंकि वो जानते हैं कि स्वाद छोड़ने से शरीर को फायदा होता है और विवाद को छोड़ने से सारी टीम का भला होता है।

***

टीम का कोई सदस्य सहयोगी बनने की बजाए, नकारात्मक सोचने लगे तो उसके विचारों को बदलने का प्रयास करना चाहिए।

***

जिंदगी में हम बहुत सारी चीजों को अपनी इच्छा मुताबिक नहीं बना सकते, लेकिन हम हर चीज के प्रति अपना नजरिया तो ठीक रख ही सकते हैं।

7
सकारात्मक सोच करें कमाल

सकारात्मक सोच के साथ हर प्रकार के हालात को सुधारा जा सकता है।

***

लगातार अभ्यास करते रहने से हर नामुमकिन काम भी मुमकिन हो जाता है।

***

सकारात्मक सोच के साथ नेतृत्व करने वालों को सदैव अच्छे साथी ही मिलते हैं।

***

हर दिन नये-नये लोगों को मिलते रहने से हमारा अनुभव और ज्ञान दोनों ही तेजी से बढ़ते हैं।

***

बुद्धिमान लीडर कभी भी अपनों को छोड़ने के लिये दूसरों से सलाह मशवरा नहीं करते।

***

सकारात्मक सोच रखने वाले लीडर न तो कभी परेशान और न ही कभी असफल होते हैं।

***

सकारात्मक बदलाव के लिये लगातार कदम उठाने वाले टीम लीडर ही सदा कामयाब रहते हैं।

***

हमारे जीवन में तरक्की के बहुत सारे द्वार कठिनाइयों को पार करने के बाद ही खुलते हैं।

***

हम अपनी गलतियों से भी उतना ही नया सीख सकते हैं, जितना कि अपनी सफलता से।

***

जो व्यक्ति हर कार्य को खुद ठीक से करना जानता है, वही दूसरों का नेतृत्व भी कर पाता है।

***

समझदार लीडर अपने लक्ष्य को हासिल करने के साथ अपना सर्वश्रेष्ठ प्रदर्शन देना नहीं भूलते।

***

सफलता का जुनून रखने वाले लीडर कभी भी आशा और उम्मीदों का साथ नहीं छोड़ते।

***

निराशा और असफलता का सामना किये बिना कामयाब होना नामुमकिन होता है।

***

सच्चे दिल से सपने देखने वाले रात के अंधेरे में भी अपनी मंजिल को ढूंढ लेते हैं।

***

बुद्धिमान लीडर हर दुविधा को खत्म करने के बाद ही आगे बढ़ना शुरू करते हैं।

***

सफल लीडर अपनी हर सोच को हकीकत में बदलने की हिम्मत रखते हैं।

***

उत्साह से बढ़ कर कुछ नहीं होता और उत्साह ही सफल लीडरों की सबसे बड़ी ताकत होता है।

***

किसी भी संस्था को सफलतापूर्वक चलाने से पहले हमें खुद आगे बढ़ कर उदाहरण पेश करना चाहिए।

***

हालात चाहे हमारे कितने भी खिलाफ हो, लेकिन होशियार लीडर अपने उत्साह में कभी भी कमी नहीं आने देते।

***

हर उद्देश्य के लिये अलग-अलग किस्म की ट्रेनिंग लिये बिना होशियारी से नेतृत्व नहीं किया जा सकता।

***

आज तक कोई भी लीडर जन्म से महान नहीं बन सका, उसके कर्म और गुण ही उसे महान बनाते हैं।

***

सबसे बड़ा ज्ञान यही होता है कि जो कुछ हम जानते हैं, हम सिर्फ उसी विषय के बारे में ही बात करें।

***

आशावादी सोच रखने वाले टीम लीडर किसी भी प्रकार के हालात में कभी भी निराश नहीं होते।

***

काबिल लीडर सिर्फ आदेश देना नहीं जानते, बल्कि वो हर काम को खुद करने का जज्बा भी रखते हैं।

***

आज तक कोई भी व्यक्ति जन्म से लीडर नहीं बन पाया, बल्कि हर क्षेत्र में लीडर बनते और बनाए जाते हैं।

***

कामयाब कप्तान जल्द से जल्द फैसला लेकर पूरे जोश के साथ हर योजना पर अमल शुरू कर देते हैं।

***

गुणी लीडर बेकार की बातों को समझने की बजाए जिंदगी के नियमों को अच्छे से समझने का प्रयास करते हैं।

***

योग्य लीडर इस बात को अच्छे से जानते हैं कि हर कोई उनकी टीम के काबिल नहीं हो सकता।

***

वही नेता विजयी हो सकते हैं, जिन्हें विश्वास होता है कि वे हर जंग जीत सकते हैं।

***

रचनात्मक सोच अपने आप में एक ऐसी कला है, जिससे हर समस्या को हल किया जा सकता है।

***

कड़ी मेहनत करने वालों के मुकाबले में जो ठीक ढंग से काम करना जानते हैं, वे अधिक सफल लीडर बन पाते हैं।

***

हमारी मंजिल चाहें कितनी भी ऊंची क्यूं न हो, लेकिन उसका रास्ता हमेशा हमारे पैरों के नीचे से हो कर ही गुजरता है।

***

आलसीपन और पैसे का लालच कामयाब लीडर बनने की राह में सबसे बड़ी कठिनाई पैदा करते हैं।

***

हर नई सुबह हमें यही संदेश देती है कि चाहे कुछ भी हो जाए, हमें एक बार फिर से शुरुआत करनी चाहिए।

***

हालात चाहे कैसे भी हो, प्रभावशाली लीडर अपनी टीम का मनोबल सदा ऊंचा बनाए रखते हैं।

***

किसी भी स्वार्थी व्यक्ति की असलियत उसके करीब जाने से और निस्वार्थ इंसान के दूर जाने से ही मालूम पड़ती है।

***

लीडर के मन में कभी भी किसी किस्म का भ्रम नहीं होना चाहिए, वरना वो इसी डर से सही निर्णय नहीं ले पायेगा।

***

अंधेरे से बहुत लोग डरते हैं, लेकिन जो प्रकाश से भी डरने लगे, वो कभी भी किसी संस्था का नेतृत्व नहीं कर पाते।

***

नेता हो या सफल खिलाड़ी, वो अपना हर काम इस तरह से करते हैं कि जिसे देखते ही हर कोई प्रभावित हो जाता है।

***

आत्मविश्वासी इंसान अपने ज्ञान, व्यवहार और अनुभव की बदौलत किसी भी प्रकार की चुनौतियों से नहीं घबराता।

***

आंख मूंद कर गलत विचारधारा के साथ चलने की बजाए हमें दृढ़तापूर्वक अपनी राय बदल लेनी चाहिए।

***

जिंदगी सिर्फ परेशानियों को हल करने का नाम नहीं है, बल्कि उनसे बहुत कुछ सीखने की कला भी है।

***

रोजमर्रा के जीवन में छोटी-मोटी परेशानियों को देख कर कभी भी अपना उत्साह कम मत होने दो।

***

जब तक हमें अपने काम करने में आनंद महसूस न हो हम कभी कामयाब होने के बारे में सोच भी नहीं सकते।

***

जब कोई अहम मुद्दा विवाद में तबदील होने लगे तो उसे कुछ समय के लिये टाल देना ही बेहतर होता हैं।

***

सकारात्मक सोच वाले लीडर हर समस्या का समाधान नई सोच और नये विचारों के माध्यम से निकालते हैं।

***

हमारा लक्ष्य बेशक चाहे छोटा हो या बड़ा, लेकिन उसे पूरा करने का हौसला हमेशा ही बड़ा होना चाहिए।

***

अपनी सोच और विचारों पर विश्वास रखने वाले लीडर अपनी हर मंजिल को पा ही लेते हैं।

***

एक बहादुर लीडर मौत के मुंह में भी जाते समय अपने सहयोगियों से सदा आगे चलता है।

***

कोई कार्य कितना भी कठिन क्यूं न हो, लेकिन एक आत्मविश्वासी लीडर उससे घबराने की बजाए मुस्कराते हुए उसे निपटा देता है।

***

कुशल लीडर को सदा ही मनमौजी स्वभाव का होना चाहिए, वरना छोटी-छोटी उलझनें ही उन्हें बड़ी परेशानी में डाल सकती हैं।

***

जो लीडर जितने बड़े पद पर होता है, उसे डर भी उतना ही अधिक परेशान करता है, लेकिन बहादुरी से नेतृत्व करने वाले उससे घबराते नहीं।

***

सबसे कामयाब लीडर वही बन पाते हैं, जो अपनी मंजिल के बारे में ठीक से जानने के बाद तुरंत सकारात्मक सोच के साथ आगे बढ़ने के प्रयास शुरू कर देते हैं।

***

जिस दिन हमें यह समझ आ जायें कि हम अभी कुछ नहीं जानते, उस दिन से हर वस्तु के बारे में बहुत ही बारीकी से जानने की इच्छा जाग उठेगी।

***

कुशल लीडर कभी भी हर किसी को खुश करने की कोशिश नहीं करते, क्योंकि वे जानते हैं कि हर किसी को साथ लेकर चलने से आगे नहीं बढ़ा जा सकता।

***

किसी भी खेल में अगर कुछ करिश्मा दिखाना चाहते हो तो उसे पूरी लगन से खेलो, दूसरों को खुश करने के लिये खेलते समय आप कुछ खास करिश्मा नहीं कर पाओगे।

***

टीम लीडर अपने सहयोगियों को केवल इसलिये अच्छी सलाह नहीं देते कि वो बहुत समझदार होते हैं, बल्कि इसलिये कि उन्होंने अपने साथियों से अधिक गलतियां की होती है।

***

सफल लीडर बनने के लिये पढ़ाई-लिखाई का बहुत बड़ा योगदान होता है, लेकिन इतिहास गवाह है कुछ महान नेताओं ने सिर्फ अपनी बुद्धिमत्ता के दम पर समाज को नई राह दिखाई है।

***

अकसर लोग कहते हैं कि सफल लीडर बनने के लिये कड़ी मेहनत करो लेकिन कड़ी मेहनत करने के साथ अगर वही काम खुशी-खुशी किया जाये तो ही उसमें कामयाबी मिल पाती है।

***

हर संगठन के कर्मचारी अपना काम ठीक ढंग से कर पायें या न कर पायें, परंतु उनका लीडर सभी सहयोगियों का काम सही ढंग से करने की क्षमता रखता है।

***

किसी भी नई योजना के लिये बेहतर व्यक्तियों की तलाश करते समय अनुभवी लीडर इस बात का ध्यान जरूर रखते हैं कि कहीं वो अपने बेहतरीन साथियों को न खो दें।

***

हर टीम लीडर अपने सभी लक्ष्यों में सफल हो या न हो, लेकिन उनकी सकारात्मक सोच सदैव यही कहती है आखिर में जीत उन्हीं की होगी।

***

हर लीडर को यह सदा याद रखना चाहिए कि बेशुमार भीड़ इकट्ठा करने से शांति कायम नहीं होती, बल्कि और अधिक तनाव बढ़ने लगता है।

***

महान लीडर सिर्फ अपनी डयूटी ही नहीं निभाते, बल्कि वो अपने सपनों को ऊंची उड़ान देकर दूसरों के लिये भी एक बेमिसाल कहानी लिख देते हैं।

***

कोई भी व्यक्ति तभी लीडर बनने का हकदार होता है, जब तक उसकी बातों और कार्यों का सकारात्मक प्रभाव उसके सहयोगियों पर पड़ने लगता है।

***

जिस प्रकार कागजों को जोड़े रखने वाली पिन ही कागजों को चुभती है, उसी तरह एक टीम को भी वही लीडर चुभता है, जो उन्हें जोड़ कर रखना चाहता है।

***

अगर बहादुर लोगों की टीम का लीडर कमजोर हो तो वो कुछ खास नहीं कर पाते, दूसरी ओर अगर कमजोर लोगो का नेता दमदार है, तो वो भी करिश्मे कर दिखाते हैं।

8
चुनौतियां बेशुमार

एक जुनूनी दिमाग ही आपको कामयाबी की मंजिल तक ले जा सकता है।

***

हालात चाहें कैसे भी हो, लेकिन साहसी लीडर सफल होने तक चैन से नहीं बैठते।

***

छोटे मन से कोई बड़ा नहीं बन पाता और टूटे मन से कोई खड़ा नहीं रह पाता।

***

किसी भी लीडर की कामयाबी उसके विचारों की गुणवत्ता पर निर्भर करती हैं।

***

मौत का डर खत्म करने के लिये जिंदगी को गहराई से समझना पड़ता हैं।

***

साहस और सहयोग के बिना कोई भी लीडर अपने लक्ष्य को नहीं पा सका।

***

बड़े से बड़ा ताकतवर इंसान भी अपने मन को आसानी से काबू में नहीं रख पाता।

***

हार न मानने वाले लीडरों के आगे एक दिन आसमां भी झुक जाता हैं।

***

हर बुद्धिमान लीडर अपनी बात पर अकेले डटे रहने की हिम्मत रखते हैं।

***

होशियार लीडर हर समय 'हां' ही नहीं 'ना' बोलने की भी क्षमता रखते हैं।

***

शिखर से नीचे गिरने के बाद ही हमें शिखर का असली महत्त्व समझ आता है।

***

हर सपने को हकीकत में तबदील करना ही लीडरशिप का सर्वश्रेष्ठ गुण होता है।

***

बुद्धिमान लीडर अपने सारे निर्णय दिमाग से नहीं बल्कि दिल से भी लेना जानते हैं।

***

बहादुर लीडर अपनी हर मंजिल की और हौसले और हिम्मत को साथ लेकर चलते हैं।

***

संघर्ष करने के बाद तो कोई भी इंसान महान बन सकता है, लेकिन लड़ाई कर के नहीं।

***

हर महान लीडर को अपनी सफल नेतृत्व के लिये बहुत भारी कीमत चुकानी पड़ती है।

***

किसी भी टीम में जरूरत से अधिक लीडर होने पर काम बनने की बजाए बिगड़ने लगते हैं।

***

सिर्फ बचाव की बातें कर के हम खुद को बहुत समय तक सुरक्षित नहीं रख सकते।

***

हर प्रकार के डर पर विजय पाने के लिये उस काम को बार-बार करते रहना चाहिए।

***

डर से बचने के लिये हर काम को समय से पहले पूरा करने का स्वभाव बनाना चाहिए।

***

लीडर की जिंदगी में आराम नहीं होता, उसके जीवन में तो सिर्फ काम और काम ही होता हैं।

***

छोटी सोच और छोटा दिल रखने वाले किसी भी टीम का नेतृत्व सही ढंग से नहीं कर पाते।

***

हर लीडर को कोई भी निर्णय लेते समय सबसे अधिक डर असफलता का ही परेशान करता है।

***

कामयाब लीडर कभी भी भीड़ के पीछे नहीं चलते, बल्कि भीड़ ही हमेशा उनके पीछे चलती है।

***

मुश्किल हालात से गुजरने के बाद ही किसी लीडर की काबिलीयत का आंकलन हो पाता हैं।

***

आखिरी समय तक संघर्ष करने का मतलब सिर्फ इतना होता हैं कि जीत अभी भी संभव हो सकती है।

***

गुणी लीडर कुछ जरूरी चीजों को देख कर और बेकार की बातों को अनदेखा करके ही कामयाब हो पाते हैं।

***

जिस लीडर की कार्यशैली में सेवा भावना की कमी होती है, सफलता उससे दूर ही रहना पसंद करती हैं।

***

परिस्थितियां तो हर पल बदलती रहती है, लेकिन बहादुर लीडर का हौसला सदा ही बुलंद रहता है।

***

आत्मविश्वास के साथ चलने वाला हर लीडर सफलता की सभी सीढ़ियां आसानी से चढ़ जाता है।

***

चुनौतियों को अगर ठीक से समझ लिया जायें तो फिर इन्हें सुलझाने का साहस भी मिल ही जाता है।

***

जो लोग दूसरों के जोर पर उड़ना चाहते हैं, वो बहुत जल्द अपने पंखों से उड़ने का हुनर भूल जाते हैं।

***

बुद्धिमान नेता कभी संदेह नहीं करते, दयालु कभी चिंता नहीं करते और बहादुर कभी किसी से डरते नहीं।

***

जो लोग चुनौतियों का डट कर सामना नहीं करते, उनका सारा जीवन फिर डर के साये में ही गुजरता हैं।

***

जब तक शरीर में सांस चल रही होती है, उस समय तक बहादुर लीडर कभी भी हार को स्वीकार नहीं करते।

***

'हां' (यस सर) कहना तो हर कोई जानता है, लेकिन एक आत्मविश्वासी लीडर 'ना' कहने से भी नहीं चूकता।

***

कामयाब लीडर कभी भी घड़ी के भरोसे आगे नहीं बढ़ते, उनका जुनून ही उन्हें हर समय जगा कर रखता हैं।

***

बुद्धिमान लीडर आखें बंद कर के किसी भी विशेषज्ञ की राय को न तो अनदेखा और न ही उसे स्वीकार करते हैं।

***

बिग बॉस बनने से पहले हमें यह भी याद रखना होगा कि इसके साथ हमारी बहुत सारी जिम्मेदारियां भी बढ़ने वाली हैं।

***

लीडर और सड़क दोनों एक जैसे होते हैं, खुद जहां हैं वहीं पर रहते हैं मगर दूसरों को उनकी मंजिल तक पहुंचा ही देते हैं।

***

जो प्रबंधक हर गलती का इल्जाम दूसरों पर लगाने का स्वभाव रखते हैं, वो कभी भी कामयाब टीम लीडर नहीं बन सकते।

***

बाहर की दुनिया स्कूल-कॉलेज की दुनिया से बिलकुल अलग होती हैं, यहां असफल होने वाले को दोबारा मौका नहीं मिलता।

***

कई बार एक सिपाही को कप्तान के कहने पर कुछ ऐसे काम भी करने पड़ते हैं, जो उसे बिलकुल पसंद नहीं होते।

***

समझदार लीडर हमेशा खुश रहते हैं, क्योंकि वो जानते हैं कि 'सीरियस' लोगों को तो सिर्फ अस्पतालों में ही रखा जाता है।

***

प्रतिभाशाली व्यक्ति कभी भी दूसरों की उंगलियों पर नहीं नाचते, बल्कि वो तो हर किसी को अपनी धुन पर नचाना जानते हैं।

***

लीडरशिप के गुण अगर स्कूल-कॉलेज से ही सिखाए जायें तो समाज की बहुत सारी परेशानियां खुद ही खत्म हो जायेगी।

***

कुछ लीडरों को जब तक असफलता की ठोकर नहीं लगती, उस समय तक उन्हें अपने हर निर्णय पर नाज होता है।

***

किसी भी संगठन को सही ढंग से चलाने के लिये कुछ नियमों और बहुत सारी चुनौतियों का हर दिन सामना करना पड़ता हैं।

***

बहुत सारे विषयों के बारे में जानकारी तो कई लोगों को होती है, लेकिन उसे सही ढंग से अमल में साहसी लीडर ही ला सकते हैं।

***

कुछ काम ऐसे होते हैं, जिन्हें किसी भी हालात में नहीं किया जा सकता, ऐसे कार्यों के बारे में सोचने से सिर्फ चिंता ही बढ़ती है।

***

होशियार लीडर को अगर अपनी मंजिल पाने में परेशानी आ रही हो तो वो अपने इरादे बदलने की बजाए तरीके बदलना अधिक पसंद करते हैं।

***

होशियार लीडर अपने अनुभव सहयोगियो के साथ बांट कर उन्हें भविष्य में आने वाली चुनौतियों का मुकाबला करने के लिये तैयार कर सकते हैं।

***

स्मार्ट लीडर यह जानते हैं कि किस को क्या बोलना है, जबकि बुद्धिमान लीडर यह भी जानते हैं कि क्या कुछ बोलना हैं और क्या कुछ नहीं बोलना।

***

किसी भी लीडर को कोई भी काम करते समय असफलता से नहीं डरना चाहिए, क्योंकि हम लीडर होते हुए भी एक साधारण इंसान हैं भगवान नहीं।

***

'नामुमकिन' जैसे अक्षर सिर्फ उन्हीं लोगों के लिये होते हैं, जो प्रयास करने से घबराते हैं। बहादुर लीडरों के लिये यह शब्द कुछ मायने नहीं रखते।

***

ना तो कभी हुक्म का इक्का और ना ही रानी का बादशाह बनो, जब भी कुछ करो तो ऐसा कर के दिखाओ कि सारी बाजी ही पलट जायें।

***

एक सफल लीडर त्याग और संघर्ष से कभी नहीं घबराते, क्योंकि वो जानते हैं कि भगवान 'राम' ने भी 'श्री राम' बनने के लिये बहुत कुछ खोया था, हम तो फिर भी साधारण इंसान हैं।

***

अगर आपके साथ कोई बुरा व्यवहार करता है, तो उसके लिये आपको परेशान होने की जरूरत नहीं, क्योंकि बुरा व्यवहार सिर्फ वही इंसान करता है, जिसमें कोई-न-कोई कमी होती हैं।

***

जो ताले बनाने और बेचने का काम करते हैं, वो भी अगर थोड़ी-सी लापरवाही दिखाएं तो उनकी भी दुकानें लुटने में देर नहीं लगती।

***

दुनिया के महान नेता इस बात को स्वीकार करते हैं कि लड़ाई-झगड़े चाहें किसी किस्म के हो वो सिर्फ मारना और मिटाना जानते हैं, वो किसी को जीवन नहीं दे सकते।

***

साहसी लीडर इस बात से कभी नहीं घबराते कि उनकी टीम का सबसे अच्छा सदस्य उन्हें छोड़ जायेगा या कोई दूसरा बेहतर लीडर सामने आ कर उनका पद छीन लेगा।

***

हर प्रकार के डर से मुक्ति पाने का एक ही तरीका है, अपनी सभी ख्वाहिशों को कम-से-कम रखो। जब तक हमारे मन में इच्छाएं जागती रहेगी, कोई-न-कोई डर हमारे साथ चलता ही रहेगा।

***

आज कल के लीडरों को बहुत संभल कर चलने की जरूरत होती है, क्योंकि कुछ लोग उन्हें नमक की तरह स्वादानुसार इस्तेमाल करने लगे हैं।

***

यह तो कोई नहीं जानता कि तीसरा विश्व युद्ध कौन से हथियारों से लड़ा जायेगा, लेकिन उसके बाद सारे युद्ध लाठी और पत्थरों से ही लड़े जायेंगे।

***

चुनाव जीतने के बाद नेता को कभी भी यह नहीं सोचना चाहिए कि अब उसे हर प्रकार का गलत काम करने की छूट मिल गई हैं।

***

किसी टीम को नेतृत्व करने की कामयाबी भी कबड्डी के खेल की तरह होती है, क्योंकि जैसे ही हम इसके नजदीक पहुंचने लगते हैं, लोग टांग खींचना शुरू कर देते हैं।

9

हर दिन सीखें कुछ नया

बड़े सपने कभी भी छोटी सोच के साथ हकीकत नहीं बन पाते।

***

सच्ची बात बोलने वाले लीडर को ज्यादा कुछ याद नहीं रखना पड़ता।

***

जरूरत से अधिक मीटिंग हमारे विचारों और समय को नष्ट कर देती हैं।

***

दिन में सो कर सपने देखने वाले कभी भी अच्छे मार्गदर्शक नहीं बन पाते।

***

जहां अज्ञानता होगी, वहां कभी भी विश्वास कायम नहीं किया जा सकता।

***

सपने वही देखने और दिखाने चाहिए, जिन्हें आसानी से पूरा किया जा सकें।

***

हमें ऐसे लोगों को जरूर खोजना चाहिए, जो हमारे जीवन को बदलने की क्षमता रखते हैं।

***

सबसे सफल लीडर बनने में हमारे सपनों का भी बहुत बड़ा योगदान होता है।

***

हमारी अधिकतर समस्याओं को हमारे सिवाए कोई दूसरा व्यक्ति हल नहीं कर सकता।

***

खुद में यकीन रखने वाले अपने आप को कभी भी साधारण इंसान नहीं समझते।

***

इतिहास के पन्नों में डूबे रहने की बजाए सपनों की दुनिया में जीना कहीं बेहतर होता है।

***

कोई भी व्यक्ति इतना दुर्भाग्यशाली नहीं होता कि वह एक सफल लीडर न बन सकें।

***

सफलता सिर्फ सपने देखने से नहीं, बल्कि उस के साथ संघर्ष करने से ही मिलती है।

***

अधिक-से-अधिक ज्ञान एक कामयाब नेता के लिये बुनियादी उपकरण की तरह होता है।

***

हमारे सपने हमें कुछ ऐसी चीजें भी दिखाते हैं, जो हम खुली आंखों से नहीं देख पाते।

***

जीवन में कुछ महान कार्य कर दिखाने के लिये बड़े विचारों का साथ भी जरूरी होता है।

***

जो लोग समय रहते अपनी गलती स्वीकार नहीं करते, वो सबसे बड़ी गलती कर बैठते हैं।

***

हमारे मन में किसी भी किस्म का डर हमारी कामयाबी में बड़ी अड़चन पैदा कर सकता है।

***

कोई भी महान काम करने के लिये सबसे पहले दूसरों से इजाजत लेना बंद करना पड़ता है।

***

ज्ञान से बढ़ कर कोई अच्छाई नहीं होती और अज्ञानता से बढ़ कर कोई बुराई नहीं हो सकती।

***

सफल लीडर इस बात को समझते हैं कि हर दिन कुछ रचनात्मक करने से भविष्य को संवारा जा सकता है।

***

कामयाबी के चिराग को लगातार जलाये रखने के लिये उसमें मेहनत रूपी तेल डालते रहना चाहिए।

***

सफल लीडर हर दिन कुछ नया सीखने के लिये अच्छी पुस्तकों के बिना आसानी से नहीं रह पाते।

***

लीडरशिप कायम रखने के लिये आपके पास हमेशा दूसरों से अधिक जानकारी होनी चाहिए।

***

किसी भी नेता की तरक्की उस दिन रुक जाती हैं जिस दिन से वो कुछ नया सोचना बंद कर देते हैं।

***

हर दिन कुछ नया और अच्छा करने के लिये कुछ देर अकेले बैठ कर जरूर सोचना चाहिए।

***

प्रतिभावान लीडर सब कुछ ठीक होते हुए भी नई संभावनाओं पर विचार करते रहते हैं।

***

हवाई जहाज हो या रेलगाड़ी, वो आगे तभी बढ़ पाते हैं जब तक उनमें लगातार ईधन डालते रहो।

***

जब भी किसी नये व्यक्ति से मिलो या नई जगह पर जाओ तो कुछ नया जरूर खोजना चाहिए।

***

अच्छे लीडर किसी भी समस्या का समाधान कहीं और नहीं बल्कि समस्या के मूल में ही ढूंढ लेते हैं।

***

परामर्श तो हर किसी को मिलते रहते हैं, लेकिन उनसे लाभ उठाना बुद्धिमान नेताओं को ही आता है।

***

प्रभावशाली लीडरों से प्रेरणा लेने से हम यह जान पाते हैं कि हम क्या कुछ और बेहतर कर सकते हैं।

***

सफल लीडर हर दिन कुछ-न-कुछ नया तो सीखते ही हैं, साथ ही अवसर मिलते ही उस ज्ञान का इस्तेमाल भी करते हैं।

***

महान लीडर वही लोग बन पाते हैं, जो शुरू से ही बड़े-बड़े सपने देखना और उन्हें पूरा करने का जज्बा रखते हैं।

***

अपने सहयोगियों पर उस समय तक विश्वास करते रहो, जब तक वो अपना विश्वास खुद नहीं तोड़ देते।

***

हमारी गलती और हमारी हार सिर्फ हमारी होती है, इसके लिये किसी दूसरे को कभी दोषी मत ठहराओं।

***

लगातार तरक्की की राह पर आगे बढ़ने वालों में कभी भी नई चीजों को सीखने की भूख कम नहीं होती।

***

जिदंगी की किताब को समझना बहुत कठिन है, क्योंकि हर पन्ने के पलटने से नये किस्से शुरू हो जाते हैं।

***

जिस व्यक्ति के पास सोच और सपने नहीं होते, उसके पास ऊंचाइयों को छूने के लिये पंख भी नहीं होते।

***

साहसी टीम लीडर यह जानते हुए भी कि उनका हर निर्णय ठीक नहीं हो सकता, वो आगे बढ़ने से नहीं रुकते।

***

विद्वान लोग इस बात को मानते हैं कि हमारा ज्ञान बढ़ने से ही हमें अपनी अज्ञानता के बारे में मालूम पड़ता है।

***

बुद्धिमान लीडर अपना हर कदम उठाने से पहले वर्तमान के साथ बहुत दूर तक के भविष्य पर भी गौर करते हैं।

***

उस इंसान को कोई भी सफल लीडर नहीं बना सकता, जो खुद अपने तन और मन को काबू में नहीं रख सकता।

***

आगे बढ़ने के लिये हमेशा नये-नये लोगों के बारे में पढ़ो, उनकी सफलता के रहस्य को समझने का प्रयास करो।

***

कभी भी कोई समस्या संगठन के कारण नहीं होती बल्कि हर परेशानी संगठन से जुड़े लोगों के कारण होती है।

***

हर दिन कुछ नया सीखने की कोशिश से ही हमें यह मालूम पड़ता है कि दूसरों से आगे कैसे रहा जा सकता हैं।

***

जिदंगी में सफल रहने के लिये हर दिन कुछ नया सोचने के साथ कुछ नया कर के दिखाना भी जरूरी होता हैं।

***

अपने साथ दूसरों के वक्त की भी कदर करनी चाहिए, इसलिये हर काम समय पर पूरा करने की कोशिश करते रहो।

***

आजकल इज्जत किसी इंसान की नहीं बल्कि उसकी जरूरत की होती है, जैसे ही जरूरत खत्म आपकी इज्जत खत्म।

***

अपनी क्षमता को अधिक बढ़ाने के लिये सफल नेता हर दिन कुछ-न-कुछ अनूठे प्रयोग करने का प्रयास करते रहते हैं।

***

कामयाब नेता जानते हैं कि अनुभवी व्यक्तियों के साथ मिल कर कोई भी कार्य आसानी से पूरा किया जा सकता है।

***

सफल नेता न सिर्फ जमाने को अपनी ओर आकर्षित करते हैं, बल्कि उन्हें अपने साथ जोड़ कर रखने का हुनर भी जानते हैं।

***

कामयाबी के सफ़र में कई बार बहुत गहरी चोट भी लगती है, लेकिन आत्मविश्वासी लीडर कभी भी आगे बढ़ना नहीं छोड़ते।

***

हर कीमत पर नई तकनीक के बारें में अधिक-से-अधिक ज्ञान हासिल करो क्योंकि ज्ञान सोने और हीरों से भी बेहतर होता हैं।

***

सफल लीडर बनने के लिये आप जो कुछ भी नया सीखते हैं, उसको अधिक-से-अधिक अमल में लाना भी जरूरी होता है।

***

बहादुर लीडरों के पास ऐसे-ऐसे हुनर होते हैं कि किसी भी मोर्चे पर डट जाये तो सामने वाले के होश उड़ने लगते है।

***

हर व्यक्ति अपनी कमियों को जरूर पहचानता है, परंतु समझदार लीडर समय के साथ उनमें जरूरत मुताबिक सुधार भी करते रहते हैं।

***

हमें समय-समय पर यह विचार जरूर करते रहना चाहिए कि जो कुछ हम कर रहे हैं, उससे अधिक क्या कुछ नया कर सकते हैं।

***

आसमान की ऊंचाइयां छूने का हक सभी को है, लेकिन इतना ऊंचा कभी मत उड़ना कि जहां से जमीन दिखाई देनी बंद हो जाये।

***

जब तक हम अपने बारे में ठीक से नहीं सोचते, उस समय तक न तो हम दूसरों के बारे में और न ही तरक्की के बारे में सोच पायेंगे।

***

अनुभवी टीम लीडर हर लक्ष्य को हासिल करने के बाद चुप हो कर नहीं बैठते, बल्कि वे तो यह सोचते हैं कि अभी तो सफर शुरू हुआ हैं।

***

सफल टीम लीडर जानते हैं कि दूसरों के जीवन में उज़ाला लाने के लिये खुद को मोमबत्ती के धागे की तरह रोम-रोम जलाना पड़ता है।

***

जो व्यक्ति सबसे अच्छा करने के बाद भी अगर यह सोचते हैं कि अभी मुझे इससे बेहतर बहुत कुछ करना है, तभी वो महान लीडर बन सकते हैं।

***

लीडर की जिंदगी बिलकुल वीडियो गेम की तरह होती है, एक लेवल पार करते ही अगला लेवल उससे भी कठिन सामने आ जाता हैं।

***

जो लीडर सीखना छोड़ देते हैं, उसकी गिनती बुजुर्गों में होने लगती है, जो हमेशा कुछ नया सीखते रहते हैं, वही सदा युवा और प्रभावशाली रहते हैं।

***

कामयाब नेता बनने के लिये बहुत सारे नये लोगों को मिलने के साथ नई जगह, नए देश और उनकी परंपराओं को भी जानना जरूरी हो जाता है।

***

साहसी और निडर लीडर कभी भी साधारण व्यक्तियों की तरह जीना पसंद नहीं करते, वे अपने अंदर छिपी सभी संभावनाओं को तलाश कर निखारते रहते हैं।

***

बहादुर योद्धा कभी भी बने बनाए रास्ते पर नहीं चलते, वो अपनी हर मंजिल के लिये खुद नया रास्ता बनाने में विश्वास रखते हैं।

***

लीडरशिप में रोजमर्रा के काम तो ठीक ढंग से निभाने ही होते हैं, साथ ही हर दिन उनमें कुछ-न-कुछ नये सुधार भी करने पड़ते हैं।

***

आज तक कोई भी व्यक्ति एक दिन में महान लीडर नहीं बन पाया, इसलिये लगातार मेहनत करने का स्वभाव बनाना जरूरी होता है।

***

अनुभवी टीम लीडर कभी भी हालात से नहीं घबराते, क्योंकि वो जानते हैं कि उतार-चढ़ाव वक्त में होता है, हमारी हिम्मत में नहीं।

***

एक लेखक अपनी सबसे अच्छी किताब लिखने के बाद भी अगर यह सोचता हैं कि इससे भी अच्छी पुस्तक लिखी जा सकती है, तो ही वो सबसे बेहतर लेखक बन पाता है।

***

हर लीडर एक बार तो जरूर यह सोचता हैं कि काश हमारी किस्मत पेंसिल से लिखी होती तो हम उसके कुछ अध्याय मिटा कर फिर से अपनी इच्छा मुताबिक लिख पाते।

10
कोशिश से कामयाबी

लगातार की हुई कोशिश ही हमें कामयाबी के करीब ले जा सकती है।

***

प्रतिभाशाली लीडर की प्रतिभा सिर्फ उसकी मेहनत ही निखार सकती है।

***

लगातार प्रयास करते रहने से एक न एक दिन सफलता मिल ही जाती है।

***

हमें अपने पास सिर्फ वही जानकारी रखनी चाहिए, जो कि उपयोगी हो।

***

अपना ओहदा और रूतबा बढ़ाने के लिये हर समय अपना ज्ञान बढ़ाते रहो।

***

हर लीडर का व्यवहार उसकी कार्यशैली को बहुत हद तक प्रभावित करता है।

***

कामयाबी के साथ परेशानी यह है कि वो बिना प्रयास के किसी को नहीं मिलती।

***

जब तक कुछ जरूरी और बोलने लायक न हो, समझदार लीडर कुछ नहीं बोलते।

***

बड़े लक्ष्यों से मत घबराओ, कोशिश करने से उन्हें भी हासिल किया जा सकता है।

***

बेहतरीन टीम लीडर बनने के लिये जीवन के सबसे महत्त्वपूर्ण गुण अपनाने पड़ते हैं।

***

दुनिया का कोई भी जादूगर बिना मेहनत के सपनों को हकीकत में नहीं बदल सकता।

***

कामयाबी का दिखावा करना अपने आप को बेवकूफ बनाने से बढ़ कर कुछ नहीं है।

***

किसी भी कामयाबी की कीमत सिर्फ लगातार संघर्ष करने से ही चुकाई जा सकती हैं।

***

जमाने में चंद मिनटों की शोहरत पाने के लिये कई बरसों तक मेहनत करनी पड़ती हैं।

***

ऊंची उड़ान भरने के लिये सबसे पहले अपने मन से गिरने का डर निकालना पड़ता हैं।

***

छोटी-छोटी बातों पर गुस्सा करने से हम खुद ही कामयाबी को अपने से दूर कर देते हैं।

***

जिदंगी हमें वो सारे सबक भी सिखाती है, जो आज तक किसी किताब में नहीं लिखे गये।

***

जो लीडर जितनी अधिक मेहनत करते हैं, उनकी किस्मत उतना ही उसका साथ देती है।

***

इस दुनिया में मुफ्त में कुछ भी नहीं मिलता, हर कामयाबी की भारी कीमत चुकानी पड़ती है।

***

जो काम दिल से करना चाहते हो, उसके लिये फिर डरना छोड़ दो।

***

जीत का जुनून रखने वाले लीडर उस समय तक नहीं रुकते, जब तक वो जीत नहीं जाते।

***

साहसी लीडर अपनी हिम्मत और ताकत को बढ़ाने के लिये निडर लीडरों की पुस्तकें पढ़ना पसंद करते हैं।

***

कुशल लीडर परेशानियों और कठिनाइयों को देख कर घबराने की बजाए और अधिक मजबूत हो जाते हैं।

***

किसी भी लीडर की असफलता में सबसे बड़ा हाथ उसके नकारात्मक दृष्टिकोण का होता है।

***

लगातार बहता हुआ पानी अपनी मंजिल तक पहुंच ही जाता है, आप भी लगातार चलते रहिए।

***

जब तक यह दुनिया कायम है, उस समय तक न तो लीडर और न ही लीडरशिप खत्म हो सकती है।

***

अधिक काम से इतनी परेशानी नहीं होती, जितनी कि काम को ठीक ढंग से नहीं करने पर होती है।

***

एक स्मार्ट लीडर बहुत सारी बातों के बारे में दूसरों के हाव-भाव देख कर ही बहुत कुछ समझ जाते हैं।

***

किसी भी चीज के बारे में जरूरत से अधिक सोचने पर काम बनने की बजाए बिगड़ने लगता है।

***

अनुभवी लीडर अपने गुणों के आधार पर सभी सहयोगियों की शंकाएं और दोष दूर कर सकते हैं।

***

प्रश्न पूछना एक कला है, लेकिन सही समय पर सही प्रश्न पूछना उससे भी अधिक महत्त्वपूर्ण होता है।

***

कोई भी काम अच्छा या बुरा नहीं होता, बस जो काम अधूरा छोड़ दिया जाता है, वो सबसे बुरा होता है।

***

बिना कर्म किए जीने वाले इंसान का अस्तित्व तो होता है, लेकिन वह जीवित न होने के बराबर होता है।

***

जो लीडर अपनी इच्छा को जिंदा रखना जानते हैं, उनके लिये कुछ भी हासिल करना मुश्किल नहीं होता।

***

जो इंसान कोशिश करने से नहीं घबराते, वो दुनिया की हर समस्या को आसानी से सुलझा सकते हैं।

***

कुछ नया और बेहतर करने के लिये पहले अपनी क्षमता को पहचानो और फिर पूरे विश्वास के साथ आगे बढ़ो।

***

समझदार लीडर सलाह तो सभी सहयोगियों से लेते हैं, लेकिन बिना मांगे किसी को कोई राय नहीं देते।

***

अपनी किस्मत को अगर दासी बना कर रखना चाहते हो तो अपनी सारी ताकत अपने कर्मों में झोंक दो।

***

कोई लीडर कितना भी बहादुर क्यूं न बन जायें, लेकिन फिर भी सभी किस्म के डर हमेशा के लिये खत्म नहीं हो सकते।

***

अपने लक्ष्य को पाने के लिये एक कामयाब लीडर न तो ठंड में ठिठुरने से और न ही तपती धूप में जलने से घबराता है।

***

आप सिर्फ दूसरों को कामयाब लीडर बनते हुए मत देखो, आप भी दूसरों का सफलतापूर्ण नेतृत्व कर सकते हैं।

***

'मौन' रहना भी किसी भाषण से कम नहीं होता, बस इसे दुनिया वाले जरा धीरे-धीरे ही सुन पाते हैं।

***

आज का युवा वर्ग कागज़ की नाव से खेलना छोड़ कर समुद्र को संभालने की ताकत रखता है।

***

एक लीडर को उसके प्रशंसक तो पहचानते हैं, मगर 'शुभचिंतकों' को उसे खुद ही पहचानना होता है।

***

आजकल जमाने वालों की जरूरतें बदलने के साथ ही उनका बात करने का अंदाज भी बदल जाता है।

***

जो टीम लीडर खुद पर काबू रखना जानते हैं, वो अपनी टीम को भी आसानी से काबू में रख पाते हैं।

***

कोई भी बड़ा काम करना इतना मुश्किल नहीं होता, जितना कि यही काम दूसरों से करवाना कठिन होता है।

***

बुद्धिमान लीडर हर मौके पर सिर्फ मुद्दे की बात करते हैं, वो कभी भी दिखावा करने के लिये कुछ नहीं बोलते।

***

हमारी किस्मत चाहे कितनी भी खराब क्यों न हो, लेकिन लगातार अभ्यास करने से उसे भी बदला जा सकता हैं।

***

कामयाबी का हर मौका अकसर कड़ी मेहनत के पीछे छिपा होता है, इसलिये अधिकतर लोग इन्हें पहचान नहीं पाते।

***

जो अपनी जिंदगी से प्यार करते हैं, वो समय को कभी बेकार नहीं करते, क्योंकि समय ही तो असल जिंदगी है।

***

अपने आप को तो हर कोई अच्छा मानता है, लेकिन लोग आपके बारे में क्या सोचते हैं, यह अधिक महत्त्वपूर्ण होता है।

***

हर क्षेत्र में सफल होने वाले भी साधारण इंसान ही होते हैं, बस वो दूसरों से अधिक कोशिश करने का हुनर जानते हैं।

***

हमारे विचार चाहे कितने भी अच्छे क्यों न हो, लेकिन बिना कोशिश के उन्हें हकीकत में तबदील नहीं किया जा सकता।

***

स्मार्ट लीडर अपने सिस्टम को मजबूत बनाए रखने के लिये सभी सहयोगियों के साथ विचार-विमर्श करते रहते हैं।

***

सिर्फ तेज दौड़ने वाले इंसान अच्छा लीडर नहीं बन सकते, अच्छे लीडर वही बन सकते हैं, जिसकी सोच अच्छी होती है।

***

कामयाब लीडर वही बन सकते हैं, जो अपने साथियों के हर प्रश्न का धैर्य और विवेकपूर्वक जवाब देने की क्षमता रखते हो।

***

सैकड़ों आधे-अधूरे काम करने वाले कभी लीडर नहीं बन पाते, सफल

लीडर वही बनते हैं, जो अपने हर काम को पूरी लगन से करना जानते हैं।

***

निडर लीडर सफल होने के लिये कई बार खुद को भी संकट में डाल देते हैं, क्योंकि कायरता दिखाने से कामयाबी नहीं मिलती।

***

अनुभवी लीडर अपनी टीम के सामने हमेशा महत्त्वपूर्ण विचार रखते हैं ताकि वो भी सामने से अपने अच्छे विचार प्रस्तुत कर सकें।

***

किसी भी चीज में बदलाव लाना बहुत कठिन होता है, लेकिन जो कोशिश करना जानते हैं, उनको कुछ भी मुश्किल नहीं लगता।

***

जिस गलती के बारे में हमें मालूम ही नहीं उसे हम नहीं बदल सकते, जिसके बारें में मालूम हो जायें उसे बदलने में देर नहीं करनी चाहिए।

***

अपने रूतबे, ओहदे को बनाए रखने के लिये हमें हर दिन अधिक-से-अधिक मेहनत करनी चाहिए वरना हम दूसरों से बहुत पिछड़ जाएंगे।

***

सूझवान लीडर इस बात को कभी नहीं भूलते कि अभ्यास ही सबसे महत्त्वपूर्ण होता है और बिना अभ्यास के कुछ भी नहीं पाया जा सकता।

***

जहां तक मुमकिन हो नकारात्मक विचारों को अपने से दूर रखो, क्योंकि यह हमारे आत्मविश्वास को कम कर हमें कामयाबी से दूर कर सकते हैं।

***

सफल लीडर अपने काम के साथ अपनी सेहत का भी पूरा ख्याल रखते हैं,क्योंकि अच्छी सेहत के बिना सब कुछ बेकार हो जाता है।

***

बहादुर लीडर आखिरी समय तक भी अपना किरदार इतनी बाखूबी से निभाते हैं कि पर्दा गिरने के बाद भी तालियां बजती रहती हैं।

***

जो व्यक्ति सबसे पहले काम शुरू करने की हिम्मत रखते हैं, उनके सफल लीडर बनने की संभावना दूसरों से कहीं अधिक होती है।

***

जो व्यक्ति दूसरों के मुकाबले जल्दी से हर विषय को समझ कर उस पर काम शुरू कर सकें, वही लीडरशिप के असली हकदार बन पाते हैं।

***

जो अपने अंदर लीडर बनने के गुण पैदा नहीं कर सकते, उन्हें अच्छे विशेषज्ञ लीडरों को अपने साथ जोड़ कर लक्ष्य प्राप्त करने का प्रयास करना चाहिए।

***

अपने लक्ष्य की ओर बढ़ते समय बस इतना याद रखो कि ना तो हम हर किसी की उम्मीदों पर खरा उतर सकते हैं और ना ही हर कोई हमारी उम्मीदों पर खरा उतर सकता है।

***

लीडर बनने के लिये जितना यह महत्त्वपूर्ण होता है कि कौन-कौन हमें लीडर बनाएगा, उतना ही इस बात पर ध्यान रखना चाहिए कि हमें लीडर बनने से कौन-कौन रोक सकता है।

11

लीडर सोचे समय से आगे

कुशल लीडर हर दिन आगे-से-आगे सोचने की क्षमता रखता है।

***

बुद्धिमान लीडर आगे बढ़ने के लिये दूसरों का इंतजार नहीं करते।

***

इच्छाशक्ति में थोड़ी-सी कमी भी हमें लीडरशिप से दूर कर सकती है।

***

सफल लीडर जानते हैं कि समय ही सबसे अधिक बलवान होता है।

***

समय की थोड़ी-सी चूक भी हमें कामयाबी से बहुत दूर कर सकती है।

***

अनुभवी टीम लीडर काम करते समय कभी भी घड़ी की ओर नहीं देखते।

***

समझदार और ज्ञानी व्यक्ति ही अच्छे से हर टीम का नेतृत्व कर सकते हैं।

***

वास्तविक नेता सर्वसम्मति की तलाश नहीं करते, बल्कि उसे निर्मित करते हैं।

***

वक्त की कदर करने वाले नेता अपने हर लक्ष्य को हासिल करना जानते हैं।

***

नास्तिक नेता दूसरों पर तो क्या अपने आप पर भी विश्वास नहीं रख पाते।

***

अहंकारी नेता समय के साथ मिट कर इतिहास का हिस्सा बन जाते है।

***

समय के हर पल का सम्मान किये बिना सफल लीडर बनना कठिन होता है।

***

उस समय तक सब कुछ खत्म नहीं होता, जब तक आप उसे खुद खत्म नहीं करते।

***

सही समय का इंतजार करना छोड़ दो, क्योंकि वो कभी किसी के पास नहीं आता।

***

तय समय सीमा में काम करने से सफलता की संभावनाएं बहुत अधिक बढ़ जाती है।

***

जो लोग अच्छे बहाने बनाना सीख लेते है, वो अकसर दूसरा कोई काम नहीं कर पाते।

***

जो लीडर समय के साथ खुद को नहीं बदलते, उनकी कई परेशानियां बेकार में ही बढ़ने लगती है।

***

हमारे जीवन का एक-एक क्षण बेशकीमती है, इसलिये कोई भी पल बेकार मत जाने दो।

***

बेहतरीन टीम लीडर वही बन पाते हैं, जो तय समय सीमा में सबसे अच्छे परिणाम दे पायें।

***

बुद्धिमान बॉस दूसरों की मूर्खता का हिस्सा बनने की बजाए उससे तुरंत लाभ उठा लेते हैं।

***

सभी अच्छा पढ़ने वाले लीडर नहीं होते, लेकिन सभी लीडर अच्छा पढ़ने वाले जरूर होते हैं।

***

समझदार लोग कमियों पर समय बेकार करने की बजाए समाधान ढूंढने का प्रयास करते हैं।

***

सफल टीम लीडर सदैव अपने से अधिक अनुभवी लोगों के बीच समय गुजारना पसंद करते हैं।

***

जो व्यक्ति कण-कण और क्षण-क्षण का उपयोग करना जानते हैं, वही सफल लीडर बन पाते हैं।

***

हर बार जीतने से भी अधिक महत्त्वपूर्ण होता है कि मन में हर समय सफल होने की इच्छा बनी रहें।

***

समय से आगे चलना और समय से आगे सोचना कामयाब लीडर के खास गुणों में से एक होता है।

***

किसी भी प्रबंधक के लिये बार-बार वादे करने की बजाए कुछ बेहतर करना सदैव ही अच्छा होता है।

***

सफल नेता समय का ध्यान रखते हुए ही अपना हर काम सुंदर तरीके से करने का प्रयास करते हैं।

***

साहस, ताकत, पैसा, ज्ञान और एवं अन्य सभी चीजों में सबसे अधिक महत्त्वपूर्ण समय ही होता है।

***

जिंदगी हमें सुधरने का दूसरा मौका देती तो जरूर है, लेकिन उसकी बहुत बड़ी कीमत चुकानी पड़ती है।

***

वक्त का खास होना जरूरी नहीं होता, बल्कि किसी खास के लिये वक्त का होना बहुत जरूरी होता है।

***

किसी लीडर के पास चाहे कितनी भी दौलत क्यूं न हो, लेकिन वो बीते हुए समय को नहीं खरीद कर ला सकता।

***

आजकल लोगों की मदद करना तो आसान हो गया है, लेकिन उनको समय देना मुश्किल होता जा रहा है।

***

अपनी लीडरशिप को सदा कायम रखने के लिये दूसरों से अधिक काम करने का स्वभाव बनाना पड़ता है।

***

हर कार्य करने के लिये समय खुद ही निकालना पड़ता है, क्योंकि अपने आप किसी को समय नहीं मिलता।

***

जो लीडर थोड़ा-सा भी समय बर्बाद करते हैं, वो फिर दुनिया वालों के लिये तमाशा बन कर रह जाते हैं।

***

समय की बदौलत ही सफलता और असफलता मिलती है, इसलिये इसे कभी भी बेकार नहीं करना चाहिए।

***

जो नेता अपना या अपने सहयोगियों का समय बर्बाद करते हैं, वो असल में अपना ही जीवन तबाह कर लेते हैं।

***

समय का महत्त्व समझने वाले लीडर अपनी बुद्धि और क्षमता के अनुसार अधिक बेहतर कार्य कर सकते हैं।

***

किसी भी संस्था का मुखिया अगर छोटी-छोटी बातों में उलझता रहेगा तो वो कभी भी सफल नहीं हो पायेगा।

***

हंसी-मज़ाक करना अच्छी बात है, लेकिन हंसी-मज़ाक के दम पर सपनों को हकीकत में नहीं बदला जा सकता।

***

यदि आप अपनी मंजिल तक पहुंचने की हिम्मत नहीं रखते तो आधे रास्ते तक जाने से भी कोई लाभ नहीं मिलेगा।

***

टीम लीडर तभी सफल हो पाते हैं, जब वो अपने हर कदम को बढ़ाने से पहले भविष्य का भी पूरा ध्यान रखते हैं।

***

वक्त भी बड़ी अजीब चीज़ है, इसके साथ चलो तो किस्मत बदल देता है और न चलो तो किस्मत को ही बदल देता है।

***

हम दुनिया की हर चीज किसी भी मात्र में खरीद सकते हैं, लेकिन एक समय ही सिर्फ सीमित मात्र में मिलता है।

***

दूसरों की कमजोरियां को ढूंढने में वक्त बर्बाद करने से अच्छा हैं कि अपनी कमजोरियों को सुधार लिया जायें।

***

कोई भी समझदार लीडर कभी भी अनावश्यक विषयों के बारे में चिंता करके अपना समय और ऊर्जा बेकार नहीं करते।

***

आप चाहे कितनी बार भी हार जाओ, लेकिन उस समय तक हिम्मत नहीं छोड़नी चाहिए, जब तक सफल न हो जाओ।

***

सबसे अधिक तरक्की वही लीडर कर सकते हैं, जो दूसरों के मुकाबले अपने समय का अधिक उपयोग करना जानते हैं।

***

नेता छोटा हो या बड़ा, समय किसी का इंतजार नहीं करता, इसीलिये सफल लीडर सबसे अधिक समय की कदर करते हैं।

***

बुद्धिमान लीडर जानते हैं कि समय सीमित मात्रा में है, इसलिये वो कभी भी बार-बार अपना नज़रिया नहीं बदलते।

***

जो भी काम करो, बहुत सोच-समझ कर करो, क्योंकि हमारे हर कर्म का फल आज नहीं तो कल हमारे सामने जरूर आता है।

***

आज हमारे देश को ऐसे नेताओं की आवश्यकता है, जो यह समझ सकें कि देश की बुनियादी जरूरतों को कैसे पूरा किया जा सकता है।

***

दूरदृष्टि रखने वाले लीडर सही अवसरों का इंतजार करने की बजाए जो भी मौका मिलता है, उसका अच्छे से इस्तेमाल करना जानते हैं।

***

वक्त के हाथों को तो कभी किसी ने नहीं देखा, लेकिन वो जब कभी किसी को पीछे धकेलता है, तो वो सारी उम्र नहीं भूल पाता।

***

हर लीडर को एक बात सदैव याद रखनी चाहिए कि समय बहुत बलवान होता है, वो किसी भी क्षण राजा को रंक बना सकता है।

***

हर व्यक्ति के पास 24 घंटे ही होते हैं, लेकिन कुशल टीम लीडर उन्हीं का बेहतर इस्तेमाल करते हुए दूसरों से आगे बढ़ जाते हैं।

***

बुद्धिमान लीडर बीती हुई बातों पर अपना समय बर्बाद नहीं करते, क्योंकि वो जानते हैं, इनसे कुछ हासिल नहीं किया जा सकता।

***

हथियारों से होने वाले नुकसान को केवल जुनून के तूफ़ान से रोका जा सकता है, लेकिन ऐसा जुनून पैदा करने के लिये बहुत ही जुनूनी लीडरों की जरूरत होती है।

***

कामयाबी के लिये बहुत मेहनत करनी पड़ती हैं जबकि शत्रु और कर्ज़ अपने आप बढ़ते हैं। इन्हें तुरंत जड़ से खत्म कर देना चाहिए।

***

हम आने वाले समय में तभी कामयाब रह पाते हैं, जब हम आज से ही अपनी प्राथमिकताएं तय कर के आगे बढ़ना शुरू करते हैं।

***

कोई अफसर कितना भी बड़ा क्यूं न हो, लेकिन समय कभी किसी का इंतजार नहीं करता, वो अपनी गति से आगे चलता ही रहता है।

***

समझदार लीडर कामयाबी के लिये समय का इंतजार नहीं करते, बल्कि वो तो घड़ी की तरह हर समय चलने में विश्वास रखते हैं।

***

लीडरशिप हमें अपने अंदर से ही पैदा करनी पड़ती है, इसे संघर्ष, मेहनत और सकारात्मक विचारों से निखारा जरूर जा सकता है।

***

घड़ी चाहे कैसी भी हो, उसे ठीक करने वाले तो हर जगह मिल जाते हैं, लेकिन सफल लीडर अपना समय खुद ही सुधारना जानते हैं।

***

हर व्यक्ति को यह तो जरूर मालूम होता है कि उसके पास कितनी दौलत है, लेकिन यह कोई नहीं जानता कि उसके पास कितना वक्त बाकी बचा है।

***

हर बुद्धिमान टीम लीडर यह जानते हैं कि इस दुनिया में समय को छोड़ कर सब बाकी कुछ किसी-न-किसी तरह से वापिस पाया जा सकता है।

***

कोई भी गलत निर्णय लेने से हमारे मन में सदा के लिये डर पैदा हो जाता है, इसीलिये हर काम करने से पहले अच्छे से विचार करना जरूरी होता है।

***

कुशल टीम लीडर हर बात को खुद तो अच्छे ढंग से समझते ही हैं, साथ ही वो अपनी बात दूसरों को बहुत ही बेहतर तरीके से समझाने की कला जानते हैं।

***

कुशल नेता एक-एक पल का उपयोग करने की कोशिश करते हैं, क्योंकि वो जानते हैं कि एक बार अगर समय हाथ से निकल गया तो फिर पछतावे के सिवाए कुछ नहीं मिलता।

12

नारी भी छू सकती है आकाश

आज की नारी अपने हर हक को पाने के लिये लड़ना जानती है।

***

किसी भी समाज को नारी के बिना सशक्त नहीं बनाया जा सकता।

***

आधुनिक नारी अपना हर फैसला खुद करने की हिम्म्त रखती है।

***

इस दुनिया में कोई भी काम ऐसा नहीं है जो औरतें नहीं कर सकती।

***

आजकल की औरतें हर बात पुरुषों से बेहतर जानती और समझती हैं।

***

आदमियों के मुकाबले औरतें अधिक शांत रह कर काम करना जानती हैं।

***

आज की नारी वो सब कहने से नहीं डरती, जो कुछ वो पाना चाहती हैं।

***

हर कार्य में औरत का अंदाजा पुरुषों के मुकाबले अधिकतर सही होता है।

***

आज के दौर की लड़कियां भी किसी तरह का जोखिम लेने से नहीं डरती।

***

सफल नेतृत्व करने के लिये हर औरत को खुद ही अभ्यास करना पड़ता है।

***

किसी भी समाज और देश की असली निर्माता वहां की नारियां ही होती हैं।

***

अपने भविष्य को बेहतर बनाने के लिये नारी हर चीज़ कुर्बान कर सकती है।

***

औरतों की तरक्की के बिना कोई भी देश या समाज आगे नहीं बढ़ सकता।

***

कोई भी व्यक्ति नारी के सहयोग के बिना कामयाब लीडर नहीं बन सकता।

***

वो दिन दूर नहीं, जब अधिकतर देशों की मुद्राओं पर औरतों के चित्र छपे होंगे।

***

थोड़ा-सा साहस दिखाने वाली औरतों ने हमेशा ही एक नया इतिहास बनाया है।

***

आदमी सिर्फ अपने लिये जीता है, जबकि औरत दूसरों के लिये भी जीना जानती हैं।

***

आज के समय में औरत को गुलाम बना कर रखना मुश्किल ही नहीं नामुमकिन है।

***

आज की नारी को बेचारी कहना गलत होगा, क्योंकि वो हर क्षेत्र में पुरुषों पर भारी है।

***

आधुनिक समाज की औरतें उन मर्दों को पसंद नहीं करती, जो उनकी शक्ति से डरते हैं।

***

आत्मविश्वासी लड़कियां बस इतना जानती है कि इस दुनिया में सब कुछ करना मुमकिन है।

***

सफल लीडर बनने के लिये कर्त्तव्य, सच्चाई और बलिदान जैसे आदर्शों की जरूरत होती है।

***

आदमी चाहे कितना भी बड़ा लीडर बन जाये लेकिन असली शासन तो औरतें ही करती हैं।

***

महिलाएं भी हर संगठन में पुरुषों की तरह ही समझदारी से नेतृत्व करने की क्षमता रखती हैं।

***

कलम और तलवार से अधिक शक्ति अगर किसी के पास है, तो वो औरतों के पास होती हैं।

***

इस दुनिया में प्रेम-प्यार फैलाने का काम औरत से बढ़ कर दूसरा और कोई नहीं कर सकता।

***

औरतें किसी काम का श्रेय लेने की बजाए उस काम को तुरंत करने में विश्वास रखती हैं।

***

सिर्फ वही औरतें खुद को कमजोर समझती हैं, जिन्हें अपनी ताकत का ठीक से अंदाजा नहीं होता।

***

औरत देखने में बेशक कमजोर दिखाई दे, लेकिन उसके अंदर आदमियों से अधिक ताकत होती हैं।

***

नारी जब कोई बड़ी जिम्मेदारी संभाल ले, तो उसे उस समय हर प्रकार के नखरे छोड़ देने चाहिए।

***

हर महिला को दूसरी औरत की इज्जत करनी चाहिए, तभी सारा समाज औरतों की इज्जत करेगा।

***

स्मार्ट औरतें सिर्फ घर संभालने तक ही नहीं, बल्कि जीवन में कुछ अलग कर दिखाने की चाह रखने लगी हैं।

***

हर औरत को चाहिए कि गर्व से जीने के लिये हमेशा सफलता अपनी शर्तों पर पाने का प्रयास करें।

***

आज की नारी किसी लीडर के ऊपर निर्भर रहने की बजाए खुद एक लीडर बनने की हिम्मत रखती हैं।

***

लड़कों की आंखें लड़कियों से बड़ी नहीं होती, इसलिये वो भी बड़े-बड़े सपने देखने का हक रखती हैं।

***

लीडरशिप की जिम्मेदारी निभाते समय किसी भी औरत को जल्दबाजी में कोई निर्णय नहीं लेना चाहिए।

***

खूबसूरत आदमी हमेशा अच्छे नहीं होते, लेकिन औरतें हमेशा खूबसूरत होने के साथ अच्छी भी होती हैं।

***

एक औरत जितना अपने बारे में सोचती है, उतनी ही चिंता वो दूसरे लोगों के भले के लिये भी करती हैं।

***

आदमी सिर्फ पैसा कमाना जानता है, जबकि औरत घर और बाहर दोनों को ही संवारने का हुनर रखती हैं।

***

जब भी महिलाओं को पुरुषों जैसे अधिकार दिये गये हैं, उन्होंने हर क्षेत्र में कामयाबी हासिल कर के दिखाई है।

***

कल तक औरतें सिर्फ भोजन, पानी और तारीफ से खुश हो जाती थी, आज उनकी सोच बहुत बड़ी हो चुकी हैं।

***

अधिकतर औरतें अपने हुनर के कारण नहीं बल्कि आत्मविश्वास की कमी के चलते असफल हो जाती हैं।

***

नारी को बेचारी कहने से पहले हमें यह जरूर सोचना चाहिए कि वो किसी तरह से भी पुरुष से कम नहीं होती।

***

हर औरत में इतनी ताकत होती है कि वो किसी भी चीज़ को बदल सकती हैं और कुछ भी नया बना सकती है।

***

जिस लड़की ने अच्छी शिक्षा और ज्ञान हासिल कर लिया हो, उसे कामयाब लीडर बनने से रोकना नामुमकिन है।

***

आज की औरतें सिर्फ ऊंची एड़ी के जूते ही नहीं पहनना जानती, बल्कि वो आकाश छूने की ताकत भी रखती हैं।

***

हर औरत को अति आत्मविश्वास से सदा बचना चाहिए, क्योंकि इसी से बहुत सारी परेशानियां शुरू हो जाती है।

***

अगर आदमी को औरतों का साथ ना मिलता, तो शायद हम आज भी गुफाओं में बैठ कर कच्चा मांस खा रहे होते।

***

आज की नारी सभी जिम्मेदारियों को संभालने के साथ अपने जीवन की नायिका बनने की क्षमता भी रखती है।

***

अब वो समय आ चुका है कि जब दुनिया यह समझने लगी है कि महिलाएं किसी तरह से भी पुरुषों से कम नहीं हैं।

***

किसी भी औरत को सफलता या असफलता की चिंता नहीं करनी चाहिए, उसे तो बस प्रयास करते रहना चाहिए।

***

किसी भी देश की तरक्की तभी हो पाती है, जब वहां की औरतें तरक्की की राह पर आगे बढ़ना शुरू कर देती हैं।

***

कोई भी लड़की जो सही तरीके से सही समय पर सही काम करना सीख ले, वो भी कामयाब लीडर बन सकती हैं।

***

इतिहास गवाह है कि औरतों ने देश-विदेश में ऐसे-ऐसे करिश्मे किये हैं जिनकी सदियों से मिसाल दी जा रही हैं।

***

जो लड़कियां समय रहते आगे बढ़ने का साहस नहीं दिखाती, उन्हें सारी उम्र इस बात का पछतावा करना पड़ता है।

***

अभी तक महिलाओं के लिये इस दुनिया में जीना मुश्किल था, लेकिन आज वो दुनिया को बदलने की ताकत रखती है।

***

एक औरत किसी भी क्षेत्र में कार्य करें, लेकिन वो अपनी जिदंगी के साथ दूसरों के जीवन को भी बराबर का महत्त्व देती है।

***

नारी अगर मां, बहन और बेटी बनने की ताकत रखती है, तो फिर उसे एक कामयाब लीडर बनने से कौन रोक पायेगा।

***

आदमी या औरत होने से कोई खास फर्क नहीं पड़ता, हमारी हर सफलता की शुरुआत हमारी इच्छ शक्ति से ही होती है।

***

आज की पढ़ी-लिखी औरते हर क्षेत्र में मजबूती से काम करते हुए देश की तरक्की को गतिशील बनाने की हिम्मत रखती है।

***

आदमियों द्वारा किसी कार्य को सफलता पूर्वक करना ही इस बात परिणाम है कि औरतें भी यह सारे काम कर सकती हैं।

***

जिस काम को आज तक सिर्फ मर्द करते रहे हैं, आज बहादुर औरतें अकेले होते हुए भी उस काम को करने से नहीं घबराती।

***

किसी भी औरत को काम करते समय सिर्फ अपने सहयोगियों से ही नहीं, बल्कि सारी दुनिया से मुकाबला करना पड़ता है।

***

आदमी खुद को चाहे कितना भी ताकतवर समझ लें, लेकिन उसे यह नहीं भूलना चाहिए कि उसको जन्म एक नारी ही देती है।

***

किसी भी औरत को खुद कमजोर महसूस नहीं करना चाहिए, क्योंकि हर औरत में भी सफल लीडरशिप के सभी गुण मौजूद होते हैं।

***

अगर किसी काम को कोई आदमी आसानी से कर सकता है, तो उसी काम को हर औरत भी करने की भरपूर क्षमता रखती है।

***

किसी भी औरत को कमज़ोर नहीं समझना चाहिए, क्योंकि हर औरत में बिजली से तेज सोचने और काम करने जैसी शक्ति होती है।

***

एक औरत की ताकत इस बात में होती है कि वो अकेले क्या कर सकती है, बल्कि इसमें नहीं कि वो दूसरों के सहारे क्या कुछ पा सकती है।

***

हर औरत को सफल होने के लिये कोशिश जरूर करते रहना चाहिए, क्योंकि अगर वो सफल नहीं भी हो पाई तो गुणवान जरूर बन जायेगी।

***

आज की नारी में इतना दम है कि वो हर क्षेत्र में पुरुष के साथ कंधों के साथ कंधा और कदम-से-कदम मिला कर चलने की हिम्मत रखती हैं।

***

एक आदमी सिर्फ खुद सब कुछ सीखना जानता है, जबकि एक औरत कुछ नया सीखने के साथ दूसरों को भी सिखाने में विश्वास रखती है।

***

समाज के कुछ लोग बेशक नारी को कमजोर समझते रहें, लेकिन बहुत सारी नारियों ने आदमियों से बढ़ कर इतिहास में अपना नाम दर्ज करवाया है।

***

आदमी औरत को बेशक कितना भी कमज़ोर क्यों न समझें, लेकिन वो उससे अधिक काम कर के भी न तो थकती है और न ही कोई शिकायत करती है।

***

संघर्ष और त्याग के बिना कोई भी इंसान महान नहीं बन सकता और हम सभी जानते हैं कि नारी का त्याग आदमियों से बढ़ कर होता है।

***

आधुनिक महिलाएं तरक्की की राह पर बढ़ते समय इस बात की परवाह नहीं करती कि लोग क्या कहेंगे, वो अपने हर फैसले का अच्छा-बुरा परिणाम समझती है।

***

औरतों को भी आदमियों की तरह एक ही जिंदगी मिलती है, लेकिन अगर आप उसे सही ढंग से जीना सीख ले तो बहुत कुछ कर दिखाने के लिये एक ही जिंदगी काफी है।

13
सदस्यों के साथ तालमेल

मधुर स्वभाव और संबंध हर लीडर का सदैव ही साथ देते हैं।

***

केवल धन्यवाद कहने मात्र से ही टीम के साथ रिश्ते मजबूत हो जाते हैं।

***

महान नेता कभी भी घमंड को अपने दिलो-दिमाग में जगह नहीं बनाने देते।

***

किसी भी जीत का अंहकार करना पागलपन से बढ़ कर कुछ भी नहीं होता।

***

जो लीडर सदैव जनहित के कार्य करते हैं, उन्हें ज़माना हमेशा याद रखता है।

***

सबसे खुशनसीब लीडर वो होते हैं, जो दूसरों के चेहरे पर मुस्कान ला सकें।

***

समझदार लीडर कभी भी अपने साथियों के बीच छोटे-बड़े का फर्क नहीं करते।

***

धैर्यवान नेता जीवन के उतार-चढ़ाव को बड़ी ही समझदारी से सहना जानते हैं।

***

जीवन को सरल बनाने के लिये सिर्फ अपने स्वभाव को सरल बनाना पड़ता है।

***

दूसरे लोगों की निंदा से बचने का एक मात्र तरीका है कि स्वयं को सुधारते रहो।

***

किसी भी प्रतिभावान लीडर का सबसे अधिक नुकसान उनका गुस्सा ही करता है।

***

धर्म-जाति के नाम पर भेदभाव करने वाले नेता कभी भी कामयाब नहीं हो सकते।

***

छोटी सोच रखने वालों को महान लोगों के नेक विचार कभी भी समझ नहीं आते।

***

एक गुणी लीडर अपनी छोटी सी मुस्कान से बहुत सारी मुश्किलें आसान कर लेते हैं।

***

गुस्सा बहुत ही चतुर खिलाड़ी है, तभी तो यह सिर्फ कमज़ोर लोगों पर ही निकलता है।

***

बड़ा नेता बनने के लिये सबसे पहले अपनी सोच के दायरे को बड़ा करना पड़ता है।

***

खामोश रहने का अपना ही मजा होता है, क्योंकि नींव के पत्थर कभी बोला नहीं करते।

***

कठोर स्वभाव एवं छल करने वाला नेता कभी भी लोकप्रिय नहीं हो पाते।

***

एक लीडर को कुछ मूर्ख लोगों की बेवकूफियों को भी धैर्यपूर्वक बर्दाश्त करना पड़ता है।

***

प्रेम एवं सहानुभूति की बदौलत हर सहयोगी से मजबूत रिश्ते कायम किये जा सकते हैं।

***

आत्मविश्वासी लीडर कभी भी किसी भी व्यक्ति पर अपना प्रभाव छोड़ सकते हैं।

***

साफ-सुथरी सोच रखने वाले लीडर कभी किसी मूर्ख के पास बैठना पसंद नहीं करते।

***

आत्मनिर्भर लीडर कभी-कभार ही दु:खी होते हैं, क्योंकि वह दूसरों पर निर्भर नहीं रहते।

***

जो लीडर दूसरों को याद नहीं रखते, समय आने पर उन्हें भी फिर कोई नहीं पहचानता।

***

लीडर बन कर लीडरशिप को कायम रखने के लिये हर दिन कुछ नया करने की जरूरत होती है।

***

सफल लीडर बनना अच्छी बात है, लेकिन महत्त्वपूर्ण इंसान बनना उससे भी बड़ी बात होती है।

***

पत्थर जैसे भी हो, लेकिन उनमें एक खूबी तो है कि वो आजकल के इंसानों की तरह बदलते नहीं।

***

लीडरशिप की नींव को मजबूत बनाए रखने के लिये आपसी दुआ-सलाम का बहुत महत्त्व होता है।

***

विचारक लोगों का मानना है कि बार-बार मांगने वाले कभी भी मान-सम्मान नहीं पा सकते।

***

रिश्ते हों या बर्फ दोनों को बनाने और बनाए रखने के लिए 'ठंड' रखनी बहुत जरूरी होती है।

***

किसी भी सदस्य से बात करते समय हर लीडर को उनकी भावनाओं का भी पूरा ख्याल रखना चाहिए।

***

सही राह दिखाने वाले अहंकार को छोड़ कर सदा विनम्रता के साथ हर कार्य को पूरा करते हैं।

***

अच्छे संचालक अपनी बात के महत्त्व का ध्यान रखते हुए दूसरों के गुणों को भी स्वीकार करते हैं।

***

किसी भी सहयोगी का मज़ाक उड़ाने से पहले उसकी ताकत का अंदाजा जरूर लगा लेना चाहिए।

***

अज्ञानी व्यक्ति चाहे किसी भी पद पर हो, लेकिन उसके कार्य को महत्त्व नहीं दिया जा सकता।

***

लंबे-चौड़े भाषणों से कहीं अच्छा होता है- वह एक शब्द, जो हर किसी के मन को शांति दे सके।

***

लीडर बनने से ताकत तो जरूर मिलती है, लेकिन उसका कभी भी अहंकार नहीं करना चाहिए।

***

समझदार लीडर इस बात को समझते हैं कि जंग अगर अपनों से हो तो हार जाना ही बेहतर होता है।

***

गरूर में रहने वाले लीडर मंजिल पाना तो दूर, ठीक से अपनी मंजिल का रास्ता भी नहीं देख पाते।

***

कोई भी नेता तभी तक आगे बढ़ सकते हैं, जब तक वो ईमानदारी से अपने सभी कार्य करते रहें।

***

हमारी बदजुबानी किसी की जान तो नहीं लेती, लेकिन दूसरों के अंदर का जानवर जरूर जगा देती है।

***

अहंकार करने वाले लीडर खुद को सर्वश्रेष्ठ समझने की भूल कर के अपना ही नुकसान कर लेते हैं।

***

सही मार्गदर्शक कभी भी ओछी और असत्य बातें नहीं करते, उनकी हर बात आश्चर्यजनक होती है।

***

साहसी लीडर कभी किसी साथी को दर्द देते नहीं, बल्कि उनके दर्द को भी आपस में बांट कर कम कर देते हैं।

***

जो लीडर अपने बीते हुए कल को अच्छे से याद रखना जानते हैं, वो आने वाले कल से कभी नहीं डरते।

***

लंबे धागे और लंबी जुबान को हमेशा काबू में रखना चाहिए वरना यह दोनों ही बुरी तरह से उलझ जाते हैं।

***

किसी भी नेता की सही पहचान उसके आत्मविश्वास, विवेक और शालीनता भरे व्यवहार से ही होती है।

***

जो टीम लीडर सुखी और खुश रहने का हुनर सीख लेते हैं उन्हें कोई भी आसानी से परेशान नहीं कर सकता।

***

पानी मर्यादा तोड़ता है तो विनाश करता है और जब हमारी वाणी मर्यादा तोड़ती है तो सर्वनाश कर देती है।

***

जिंदगी को खोज़ने की बजाए उसे बनाने और संवारने के बारे में विचार करना अधिक महत्त्वपूर्ण होता है।

***

वैसे तो हर प्रकार के विकार बुरे होते हैं, लेकिन अहंकार और गुस्सा हमारा सबसे अधिक नुकसान करते हैं।

***

हर बीमारी सिर्फ दवा खाने से ठीक नहीं होती, बहुत सारी बीमारियां केवल खुश रहने से ही ठीक हो जाती है।

***

सफल नेतृत्व करने वाले शब्दों की शक्ति को समझते हैं, क्योंकि इन्हीं की बदैलत ही तरक्की की जा सकती है।

***

सफलता का अहंकार करने वाले लीडर को समझ लेना चाहिए कि उसकी आगे बढ़ने की सीमा खत्म हो चुकी हैं।

***

कुछ नेताओं को यह गलतफहमी होती है कि पैसे और ताकत के दम पर सब कुछ हासिल किया जा सकता है।

***

तेवर और जेवर बहुत संभाल कर रखने की चीज़ होते हैं, यूं ही बात-बात में हर किसी को नहीं दिखाने चाहिए।

***

किसी भी नेता को कभी भी इतने कड़वे बोल नहीं बोलने चाहिए कि आम आदमी उससे बात करना ही छोड़ दें।

***

अगर आप अपने साथियों को चंद मिनट का वक्त नहीं दे सकते तो फिर उनके लिये जान देने का दम भी ना भरो।

***

जो नेता जरूरत से अधिक घमंड करता है, उसका ज्ञान तो नष्ट होता ही है, साथ ही सभी काम बिगड़ने शुरू हो जाते हैं।

***

दूसरों का नेतृत्व वही व्यक्ति कर सकते हैं, जो पहले खुद अपने दिलो-दिमाग और हालात पर काबू रखना जानते हो।

***

किसी काम को करने से पहले अगर उसके बारे में जरूरत से अधिक सोचा जायें, तो वो काम कभी भी पूरा नहीं हो पाता।

***

धैर्यपूर्वक बातचीत की कला और सही समय पर फैसले लेने की बदौलत सफलता को पाना काफी आसान हो जाता है।

***

हर बात बहुत ही सोच-समझ कर बोलनी चाहिए, क्योंकि वक्त तो बीत जाता है, लेकिन कड़वी बातें कभी नहीं भूलती।

***

हम किसी को जबरदस्ती कुछ सिखा तो नहीं सकते, लेकिन प्यार से समझा कर उनकी सोच जरूर बदल सकते हैं।

***

बुद्धिमान लीडर अपने सहयोगियों के साथ रिश्ते जोर-जबरदस्ती से नहीं बल्कि प्यार और तमीज़ से निभाना जानते हैं।

***

समझदार टीम लीडर हर किसी की मदद करने को तो तैयार रहते हैं, लेकिन बिना मांगे कभी किसी को सलाह नहीं देते।

***

कुछ भी बोलते समय हमें अपने शब्दों का बहुत ध्यान रखना चाहिए ताकि सुनने वाले उनका कोई गलत मतलब ना समझ लें।

***

बेकार की बातें बोलने का अफसोस तो अकसर कई लोगों को होता है, लेकिन चुप रहने का अफसोस कभी किसी को नहीं होता।

***

जब तक टीम लीडर के पास धैर्य, सहनशीलता जैसे गुण न हो, वो अपने सहयोगियों को इसके लिये कभी भी प्रेरित नहीं कर सकते।

***

करीबी दोस्त वो नहीं होते, जो हमारी परेशानी के समय साथ देते हैं, बल्कि सबसे अच्छे दोस्त तो वो होते हैं, जो हमें कभी भी परेशान होने ही नहीं देते।

***

हर लीडर को सच बोलने के लिए बहुत हिम्मत चाहिए होती है, लेकिन सच सुनने के लिये उससे भी अधिक साहस की जरूरत होती है।

***

दूसरों को हम तभी राह दिखा पाते हैं, जब पहले हम जिंदगी, परिवार और सहयोगियों के बीच ठीक से तालमेल बिठाना सीख लेते हैं।

***

हम अकड़ कर या लचीला जीवन जीते हैं, इसका प्रभाव हमारे निजी जीवन के साथ सामाजिक जिंदगी में भी अच्छा या बुरा असर छोड़ जाता है।

***

शांति के दौरान हर कोई एक दूसरे के साथ भाइयों की तरह रह सकता है, जबकि लड़ाई-झगड़े में हम मूर्खों की तरह तबाह हो जाते हैं।

***

दूसरे लोगों की भावनाओं का सदैव सम्मान करना चाहिए, क्योंकि हो सकता है वो हमारे लिये कुछ भी न हो, किसी दूसरे के लिये बहुत कुछ हो।

***

हम चाहे किसी भी ओहदे पर हो, लेकिन जब तक हम अपनी समस्याओं की वजह दूसरों को मानते रहेंगे, उस समय तक उन्हें हल नहीं कर सकते।

***

अगर किसी परिस्थिति के लिए आपके पास सही शब्द न हो तो सिर्फ मुस्कुरा दीजिए, क्योंकि कई बार शब्द उलझा देते हैं, लेकिन मुस्कुराहट हमेशा अपना काम कर जाती है।

14
नेतृत्व के सिद्धांत

लीडरशिप सिर्फ ओहदे से नहीं, बल्कि कर्मों में भी दिखनी चाहिए।

***

जो लीडर गलतियों से घबराते हो, वो कुछ भी नया हासिल नहीं कर पाते।

***

लक्ष्य से ध्यान हटते ही हमें हर काम मुश्किल दिखाई देने लगता है।

***

अच्छा आचरण किसी भी नेता के जीवन को खूबसूरत बना देता है।

***

अनुभवी लीडर कोई भी कार्य बिना योजना बनाए कभी शुरू नहीं करते।

***

किसी भी लीडर के कर्मों की आवाज उसके शब्दों से बहुत ऊंची होती है।

***

तैराकी के बारे में भाषण सुनने से कभी कोई निपुण तैराक नहीं बन पाता।

***

खतरों के प्रति सचेत रह कर ही शांति के साथ तरक्की की जा सकती है।

***

स्मार्ट टीम लीडर कभी भी हर किसी पर आंख मूंद कर विश्वास नहीं करते।

***

हर योद्धा को गिरने के बाद ही उसकी ताकत का सही अंदाजा लग पाता है।

***

शक्ति और विकास लगातार कोशिश किये बिना हासिल नहीं किये जा सकते।

***

किसी भी समस्या को अच्छे से समझने मात्र से ही वो आधी हल हो जाती हैं।

***

सबसे सफल टीम लीडर अपने साथ दूसरों के समय का भी पूरा ख्याल रखते हैं।

***

वही नेता सबसे अधिक प्रशंसा पाते है, जो अपने काम में जी-जान से लगे रहते हैं।

***

सिर्फ दूसरे लोगों की नकल कर के आज तक कोई भी अच्छा लीडर नहीं बन पाया।

***

कामयाब नेता संकटपूर्ण समय में भी कष्टों को सहन करते हुए आगे बढ़ना जानते हैं।

***

विकास चाहे समाज का हो या देश का, सभी को साथ लिये बिना यह मुमकिन नहीं हो पाता।

***

एक अनुभवी टीम लीडर के लिये चुप रहना कई बार समझदारी और कई बार मजबूरी होती है।

***

बिना पूर्ण शिक्षा, अभ्यास और अनुभव के कोई भी व्यक्ति एक कुशल टीम लीडर नहीं बन सकता।

***

नकारात्मक सोच, बुरी आदतें और बुरे लोगों का साथ किसी भी नेता को बर्बाद कर सकते हैं।

***

बुद्धिमान लीडर इस बात को कभी नहीं भूलते कि नेक कर्मों से ही सब कुछ पाया जा सकता हैं।

***

सफल लीडर खुद को कभी भी महान नहीं समझते, यह काम दुनिया वाले उनके लिये करते हैं।

***

जो कार्यक्षेत्र हमें दिल से पसंद न हो, उसमें हम चाह कर भी सफलता हासिल नहीं कर सकते।

***

जब टीम के साथ आगे बढ़ रहे हो, तो उस समय अपनी सारी निजी प्राथमिकताएं भूल जाना ही अच्छा रहता है।

***

एक अच्छा लीडर कैसा हो, इसके बारे में बहस करने की बजाए एक कामयाब लीडर बन कर दिखाओ।

***

जो काम आसानी से खुद किया जा सकता है, सफल लीडर उसे कभी किसी दूसरे व्यक्ति से नहीं करवाते।

***

सबसे प्रभावी टीम लीडर वही होते हैं, जिन्हें देख कर हर किसी के मन में आगे बढ़ने को जोश जाग उठे।

***

सुलझे हुए लीडर हर नये काम को शुरू करने से पहले अपने दिल की आवाज को गौर से जरूर सुनते हैं।

***

महान नेता सिर्फ किसी का जीवन ही नहीं, बल्कि सारे समाज और संसार को बदलने की ताकत रखते हैं।

***

जितने अनमोल हीरे-मोती समुद्र से निकाले गये हैं उससे अधिक महान लोगों के विचारों से पैदा हुए हैं।

***

यदि आपको अपनी मंजिल के बारे में ठीक से मालूम नहीं है, तो फिर कोई भी इंसान आपका साथ नहीं दे पायेगा।

***

जिम्मेदारियां देने से कोई कामयाब हो, या न हो लेकिन जिम्मेदारी निभाने वाले सदा कामयाब हो जाते हैं।

***

सफल लीडर आम बातों को छोड़ कर केवल महत्त्वपूर्ण विषयों के बारे में विचार-विमर्श करना ही पसंद करते हैं।

***

ज्ञान पाने के लिये तो मेहनत करनी पड़ती है, लेकिन आत्मज्ञान पाने के लिये खुद से संघर्ष करना पड़ता हैं।

***

आने वाले समय में वही इंसान सबसे अच्छा नेतृत्व कर पायेंगे, जो दूसरों को कामयाब बनाने में मदद करते हो।

***

महान नेता वही बन पाते हैं, जिनका लोहा सिर्फ समाज का कोई एक वर्ग नहीं बल्कि सारी दुनिया मानने लगे।

***

आंखें तो सभी की एक जैसी ही होती हैं, लेकिन समझदार लीडर सारा आसमां देखने की कला जानते हैं।

***

जो लीडर मजबूत इच्छाशक्ति रखते हैं, उनके अंदर सफल होने की अलौकिक ताकत भी आ ही जाती है।

***

अच्छी बातों को जीवन में अपनाना थोड़ा कठिन जरूर होता है, लेकिन इनके बिना तरक्की नहीं की जा सकती।

***

टीम लीडर के मन में अगर आत्मविश्वास की कमी न हो, तो वो बंद रास्ते भी आसानी से खोल लेते हैं।

***

जिस इंसान के मन में आपके लिये नकारात्मक विचार पैदा हो जायें, उसे आप लाख चाह कर भी दूर नहीं कर सकते।

***

कभी भी किसी तरह के भय को मन में जगह न बनाने दें, क्योंकि यह सिवाए परेशानी के हमें कुछ नहीं देता।

***

कभी-कभी बड़ी छलांग लगाना भी जरूरी होता है, क्योंकि किसी भी खाई को दो बार में कोई पार नहीं कर सकता।

***

जिंदगी में सबसे अधिक विश्वास किताबों पर किया जा सकता है, क्योंकि यह कभी भी अपनी बात से पलटती नहीं।

***

जब हम अपनी सोच बदलना शुरू करते हैं, तो ऐसा महसूस होता है, कि हमारे चारों ओर सब कुछ बदल रहा है।

***

बड़ा रूतबा मिलने से पद तो जरूर ऊंचा हो जाता है, लेकिन जिम्मेदारी उससे भी कई गुणा अधिक बढ़ जाती है।

***

सूझवान लीडर दूसरों को अपनी मर्जी मुताबिक ढ़ालने की बजाए काफी हद तक खुद में बदलाव करना पसंद करता है।

***

वही लीडर सबसे अधिक गलतियां करता है, जो यह सोचने लगता है कि वो तो कभी कोई गलती कर ही नहीं सकता।

***

कामयाब नेता दूसरों को साथ लेकर तो चलते हैं, लेकिन कभी भी सभी कार्यों के लिये उनके ऊपर निर्भर नहीं करते।

***

कामयाबी की राह चाहें कितनी भी पथरीली और कष्टदायक क्यूं न हो, लेकिन सफल लीडर हमेशा आगे बढ़ते ही रहते हैं।

***

बदलाव की बात बहुत सोच-समझ कर करनी चाहिए, क्योंकि अधिकतर लोग बदलाव को आसानी से स्वीकार नहीं कर पाते।

***

किसी भी क्षेत्र में सफलता तभी हासिल की जा सकती है, जब सबसे पहले अच्छे लीडर तैयार करने को प्राथमिकता दी जाए।

***

राजनीति में कई बार झूठ और सच बोलना पड़ता है, लेकिन किसी के खिलाफ झूठी गवाही देना किसी पाप से कम नहीं होता।

***

सफल नेता अपने सरकारी कामकाज के साथ संगीत, थियेटर एवं मीडिया से जुड़े कार्यकर्मों में भी पूरी दिलचस्पी लेते रहते हैं।

***

हमारा आत्मविश्वास इस बात पर निर्भर नहीं करता कि हम क्या करते हैं, बल्कि इससे कि हम क्या कुछ कर के दिखा सकते हैं।

***

जब तक लीडर ने खुद जमीनी हकीकत पर काम न किया हो, वो सिर्फ किताबें पढ़ कर अपनी टीम को प्रेरित नहीं कर सकते।

***

बुद्धिमान लीडर खुद को कठिन हालात में संभालने के लिये दिमाग का और दूसरों को संभालने के लिये दिल का इस्तेमाल करते हैं।

***

स्मार्ट लीडर अपने लक्ष्य को हर बार सिर्फ इसलिये हासिल कर लेते हैं, क्योंकि उन्हें लक्ष्य के अलावा कुछ और दिखाई ही नहीं देता।

***

हम कितना सफल नेतृत्व कर पाते हैं, यह सब कुछ इस बात पर निर्भर करता है कि हम उसके लिये कितना प्रयास और त्याग करते हैं।

***

जो कुछ भी आप हासिल कर चुके हैं, उसके लिये जश्न मनाना अच्छी बात है, लेकिन हर कामयाबी के बाद अपने लक्ष्य को जरूर बड़ा बनाते रहें।

***

खुदा पर भरोसा करने से सिर्फ तकदीर का लिखा हुआ मिलता हैं जबकि खुद पर भरोसा करने से वो सब कुछ मिल जाता हैं जो आप चाहते हैं।

***

किसी भी टीम लीडर पर जब अगुवाई करने की जिम्मेदारी आ जायें तो उसे उस समय सब कुछ भूल कर अपनी बहादुरी का परिचय देना चाहिए।

***

हर लीडर की सबसे बड़ी पूंजी उसका ज्ञान और अनुभव होते हैं। जिनके पास जितने अधिक गुण होते हैं, वो उतने ही कामयाब लीडर बन पाते हैं।

***

सच्चे सहयोगी वही होते हैं, जो कभी भी न तो आपकी कमजोरियों का फायदा उठाते हैं और ना ही आपकी आंखों में आंसू देख कर खुश होते हैं।

***

उन लोगों का सदैव धन्यवाद करते रहो, जिन्होने आपको हमेशा ही गलत साबित किया है, क्योंकि उन्हीं की बदौलत ही आज आप कामयाब लीडर बन पाये हो।

***

अपना स्वार्थ पूरा करने के लिये कभी भी किसी दूसरे व्यक्ति का इस्तेमाल नहीं करना चाहिए वरना बाद में यही बात बहुत बड़ी परेशानी पैदा कर सकती है।

***

सत्ता का सुख भोगने वाले नेता अधिक समय तक कामयाब नहीं रह पाते, जबकि समाज कल्याण के लिये कार्य करने वालों को सारी दुनिया प्यार करती है।

***

नकारात्मक सोच वाले लीडर सिर्फ इतना सोचते हैं कि यह काम नहीं हो सकता, जबकि सकारात्मक सोच वाले यह सोचते हैं कि इस कार्य को कैसे किया जा सकता है।

***

अच्छी लीडरशिप की जिम्मेदारी निभाने के लिये अपने सभी सहयोगियों का चयन बहुत ही सावधानी से करना चाहिए ताकि जरूरत पड़ने पर वह ठीक से साथ निभा पायें।

***

हर लीडर को एक बात याद रखनी चाहिए कि जब तक वो सब कुछ बर्दाश्त करते हैं, तो सभी को अच्छे लगते हैं। एक बार भी सच्ची हकीकत बयान करते ही आप सामने वालों को बुरे लगने लगते हैं।

15
व्यक्तित्व विकास

बुद्धिमान लीडर अहम और वहम से सदा दूर रहना पसंद करता हैं।

***

जिदंगी अगर एक जंग है, तो आप भी कह दो कि हम भी दबंग हैं।

***

एक गलत वोट देने से कहीं गलत है गलत नेता को सही ठहराना।

***

आज के समय में अखबार भी किसी खतरनाक हथियार से कम नहीं होते।

***

आजकल राजनीति में राम बहुत कम और रावण अधिक देखने को मिलते हैं।

***

सच बोलना तो दूर रहा, आजकल तो लोग सच सुनना भी पसंद नहीं करते।

***

सिर्फ पैसा कमाने की मंशा से लीडर बनने वाले कभी भी सफल नहीं हो पाते।

***

सफल टीम लीडर केवल इतना जानते हैं कि अभी बहुत जानना बाकी है।

***

कोई भी व्यक्ति किसी दूसरे इंसान की सारी उम्मीदें पूरी नहीं कर सकता।

***

आलसी नेता की प्रशंसा उसके साथी तो क्या परिवार वाले भी नहीं करते।

***

अंधविश्वास में केवल वही लोग विश्वास करते हैं, जो मेहनत करने से घबराते हैं।

***

एक दूसरे की चापलूसी कर के कभी भी एकता कायम नहीं की जा सकती।

***

सुनी-सुनाई बातों को मान कर कभी भी किसी से नफरत नहीं करनी चाहिए।

***

जिंदगी में धोखा खाने से बचना चाहते हो तो दूसरों से उम्मीद रखना छोड़ दो।

***

सीधी-साफ बात कहने से हर प्रकार की गलतफहमी खत्म की जा सकती है।

***

बात करते रहने से ही बात बनी रहती है, बात न करने से सिर्फ बातें बनती हैं।

***

जो व्यक्ति महान लीडरों की कद्र नहीं कर सकता, वो आपकी भी कद्र नहीं करेगा।

***

आप यह मत सोचो कि दूसरे क्या सोचेगे, हो सकता हैं कि वो भी यही सोच रहे हो।

***

स्वार्थी इंसान को माफ कर देना चाहिए, क्योंकि उसे सुधार पाना बहुत कठिन होता है।

***

बहुत सारे नेता समानता की बात तो करते हैं, लेकिन उसे अमल में लाने से घबराते हैं।

***

एक अच्छे दिमाग और अच्छे दिल वाले लीडर बहुत कम ही एक साथ देखने को मिलते हैं।

***

जिन लोगों में कोई बुराई नहीं होती, उनमें अच्छाई भी बहुत कम देखने को मिलती है।

***

सबसे मुश्किल काम है उस शख्स को मनाने का, जो रूठा भी ना हो और बात भी ना करें।

***

हर समय अपनी व्यक्तिगत पहचान के पीछे भागने वाले लीडर अधिकतर सफल नहीं हो पाते।

***

हर लीडर अपनी बात तभी प्रभावी ढंग से कह पाता है, जब उसे अपने विषय का पूरा ज्ञान हो।

***

कुछ लोग झूठ सिर्फ इसलिये बोलते हैं क्योंकि सच कहने-सुनने में उन्हें बहुत तकलीफ होती है।

***

जिंदगी में कुछ सफर ऐसे भी होते हैं, जहां हमारे पैर नहीं बल्कि दिल और दिमाग थक जाते हैं।

***

कागज़ और कलम का रिश्ता भी अजीब है, जब भी मिलते हैं हमेशा दूसरों की बात ही करते हैं।

***

कुछ बातों में सही अंदाजा लगा लेने से खुद को महान समझना बेवकूफी से बढ़ कर कुछ नहीं होता।

***

दूसरों के मन में तभी विश्वास पैदा किया जा सकता है, जब पहले हमें खुद पर पूरा विश्वास हो।

***

अगर हम अपने राज़ खुद नहीं छिपा सकते, तो फिर हमें दूसरों को दोष देने का भी हक नहीं बनता।

***

सबसे महान नेता बनने का एक ही तरीका हैं कि हम वो बनें, जो कुछ हम होने का दिखावा करते हैं।

***

सबसे सफल लीडर बने रहने के लिये हमें अपना स्तर सदैव ऊंचा बनाए रखना पड़ता है।

***

छोटी-छोटी कमियों को दूर करने से ही लीडरशिप में बहुत बड़े सुधार किये जा सकते हैं।

***

गुणी लीडर सदैव काम करने वालों की कदर करते हैं, कान भरने वालों की नहीं।

***

नसीब जिनके ऊंचे और मस्त होते हैं, इम्तिहान भी उनके फिर जबरदस्त होते हैं।

***

आंखों से गिरे हुए आंसू और नज़रों से गिरा हुआ इंसान फिर कभी नहीं उठ पाता।

***

दर्द की अदा भी कितनी अजीब है कि वो भी सिर्फ सहने वालों पर ही फिदा होता है।

***

समय जब नाच नचाता है तो फिर सारा जमाना ही डांस सिखाने वाला बन जाता है।

***

अकसर लोग कहते हैं कि झूठ के पांव नहीं होते, लेकिन फिर भी यह इतनी तेजी से कैसे चलता है।

***

बुद्धिमान लीडर हमेशा अपनी क्षमता और ज्ञान को ही अपना गुरु बनाते है, अपने गुरूर को नहीं।

***

बिना ज्ञान के आप भीड़ को तो अपने पीछे लगा सकते हो, लेकिन एक सफल लीडर नहीं बन सकते।

***

अच्छे लीडरों की किताबें पढ़ कर ही हम यह जान पाते हैं हमें दूसरे लोगों के साथ कैसा व्यवहार करना चाहिए।

***

खामोश रिश्ते अधिक दिनों तक नहीं निभ पाते, इसलिये जब भी मौका मिले बातचीत करते रहना चाहिए।

***

जो भी टीम लीडर अपने साथी सदस्यों का ख्याल रखना छोड़ देते हैं, वो कभी सफल नहीं हो पाते।

***

किसी भी व्यक्ति की योग्यता उसके बदलाव को स्वीकार करने की क्षमता से ही आंकी जा सकती है।

***

बुरे विचार सिर्फ खुद में ही बुरे नहीं होते, बल्कि यह किसी भी संस्था को बुराई से संक्रमित कर देते हैं।

***

किसी भी दूसरे व्यक्ति को वो बात कभी नहीं कहनी चाहिए, जिसे सुन कर आपको गुस्सा आता हो।

***

आजकल जरूरत से अधिक अच्छी बातें करने पर भी लोगों को लगता है कि हम दिखावा कर रहे हैं।

***

एक सफल लीडर को धन-दौलत, सुख-सुविधाएं तो मिलती ही है, साथ में शोहरत भी खूब मिलती है।

***

बचपन की सबसे बड़ी गलतफहमी यही होती है कि बड़ा नेता बनते ही जिंदगी बहुत मजेदार हो जाती है।

***

एक ही झूठ को बार-बार बोलने से अकसर कुछ समय के लिये आम लोग उस पर यकीन करने लगते हैं।

***

अगर हम अपने अंदर लीडरशिप के गुण पैदा नहीं करेंगे तो फिर सारी उम्र दूसरों की गुलामी करनी पड़ेगी।

***

जिस प्रकार आंखों के समान कोई ज्योति नहीं होती, उसी तरह ज्ञान से बढ़ कर कोई धर्म या कर्म नहीं होता।

***

अपने सहयोगियों को जो भी आदेश दो, बहुत सोच-समझ कर दो, तभी वो आपकी आज्ञा का सही ढंग से पालन कर पायेंगे।

***

जो लीडर अपने सहयोगियों को मन की बात कहने का मौका नहीं देते, मुश्किल समय में वो उनका साथ छोड़ देते हैं।

***

यदि टीम के सभी सदस्य अच्छे गुणी और अनुभवी हो तो कोई भी इंसान कामयाब टीम लीडर बन सकता है।

***

जिंदगी की सबसे कठिन परीक्षा उस समय होती है, जब अपने प्रिय मित्र को उसकी कमियां बतानी पड़ती हैं।

***

हमें अपना हर काम बहुत ही सोच-समझ कर करना चाहिए, तो फिर क्यों न बड़ा सोचा जायें।

***

आलीशान इमारत बनाना इतना कठिन नहीं होता, जितना कि किसी के दिल में जगह बनाना।

***

किसी भी लीडर की समाज में पहचान बड़े कार्यों की बजाए छोटे-छोटे किये गये प्रयासों से अधिक बनती है।

***

एक लीडर क्या करता है, कैसे दिखता है, इससे अधिक महत्त्वपूर्ण यह होता है कि वह अपनी बात कैसे कहता है।

***

किसी भी करीबी को अपना ऐसा कोई भी भेद नहीं बताना चाहिए, जिसके जाहिर होने से आपकी बदनामी हो।

***

बुद्धिमान टीम लीडर न तो दुःख-परेशानी के दौर में अटकते हैं और न ही सफल होने की खुशी में भटकते हैं।

***

अगर हम मुश्किल काम कर सकते हैं, तो फिर नामुमकिन काम को भी करने का प्रयास कर ही लेना चाहिए।

***

आजकल सिर्फ लोगों से बात कर के काम नहीं चलता, बल्कि उन्हें गहराई से समझने की अधिक जरूरत होती है।

***

जनसाधारण के बीच रहते हुए हर समय गुस्सा करने से किसी भी लीडर की प्रतिष्ठा बहुत जल्द गिरने लगती है।

***

आजकल कुछ लोग उस लीडर से बहुत सारे लोग फायदा उठाने लग गये हैं, जो किसी से फायदा नहीं उठाते।

***

अपने लक्ष्य की चिंता करने वाले बहुत हद तक अपनी सोच को सफलता में तबदील करने में कामयाब रहते हैं।

***

दूसरों से अधिक चुनौतियां स्वीकार करने वाले और दूसरों से बड़े सपने देखने वाले ही महान लीडर बन पाते हैं।

***

सफल प्रबंधक रिश्ता तो सभी से रखते हैं, विश्वास कुछ खास लोगों पर, लेकिन बुरा कभी किसी का नहीं सोचते।

***

गुस्से के समय थोड़ा रुकने वाला और अपनी गलती के सामने झुकने वाला लीडर कभी असफल नहीं हो सकता।

***

किसी भी लीडर को सिर्फ उस समय तक बोलना चाहिए, जब तक सामने वाले उसकी बात को गौर से सुनें।

***

कुछ लोग हर समय इतने दुखी रहते हैं कि उन्हें देख कर लगता है कि वो खाने की जगह सिर्फ धोखा ही खाते हैं।

***

बदलाव के नियम को आज तक कोई नहीं बदल सका, इसलिये अच्छे प्रबंधक हर बदलाव के लिये तैयार रहते हैं।

***

मुंह पर तो बहुत सारे लोग मीठी-मीठी बातें करते हैं, लेकिन यह जरूरी नहीं होता कि वो सभी आपके शुभचिंतक हो।

***

एक कामयाब टीम लीडर उन्हीं लोगों के साथ रिश्ते बनाते हैं, जिन में आगे बढ़ने का हौसला और हिम्मत होती है।

***

हम दूसरों को झूठा कहने में पल भर की भी देरी नहीं करते, लेकिन हम बिलकुल सच्चे हैं, यह भी तो सच नहीं होता।

***

मूर्ख व्यक्ति से कभी भी बहस नहीं करनी चाहिए, वरना लोग समझ ही नहीं पायेंगे कि असल में बड़ा मूर्ख कौन है।

***

बड़े से बड़ा नेता भी अगर मोह-माया में फंस कर झूठ का साथ देता है, तो वह आम आदमी की नजरों से गिर जाता हैं।

***

अपने सहयोगियों का विश्वास जीतने के लिये हमें हर समय बिलकुल साफ और सच्ची बात ही उनके सामने रखनी चाहिए।

***

किसी भी बात के लिये 'हां' कहना तो बहुत आसान होता है, लेकिन सफल नेता 'ना' कहने की भी हिम्मत रखते हैं।

***

हर लीडर को बोलना बहुत अच्छा लगता है, लेकिन इसी के साथ दूसरों की बात गौर से सुनने की कला भी आनी चाहिए।

***

सिर्फ लीडर का लेबल लगा लेने से कोई बड़ा लीडर नहीं बन जाता, उसके लिये बहुत त्याग और संघर्ष भी करना पड़ता है।

***

किसी को नज़र अंदाज करने से पहले हमें उस दिन के बारे में भी सोच लेना चाहिए, जब सामने वाला नज़र ही नहीं आयेगा।

***

एक बहादुर लीडर जहां सफलता हासिल करने का हुनर जानता है, वहीं वो अपनी कमजोरियों को भी अच्छे से समझता है।

***

बुद्धिमान लीडर अपनी टीम के किसी भी सदस्य की गलती की जिम्मेदारी को खुशी-खुशी स्वीकार करने की हिम्मत रखते हैं।

***

किसी भी बुरे व्यक्ति के साथ कभी भी बुरा व्यवहार मत करो, बल्कि उसके साथ उतना ही अच्छा व्यवहार करो, जितने अच्छे आप खुद हैं।

***

आत्मविश्वासी लीडर जब भी किसी सहयोगी से बात करते हैं, तो वो अपने शब्दों के साथ अपने हाव-भाव पर भी पूर्ण रूप से काबू रखना जानते हैं।

***

हर प्रकार के हालात का मुकाबला आसानी से किया जा सकता है, बस शर्त सिर्फ इतनी है कि नेतृत्व करने वाला अच्छा होना चाहिए।

***

हार-जीत तो हर इंसान के जीवन में आती रहती है, लेकिन जो अपनी हार से भी कुछ नया सीखना जानते हैं, वही सफल लीडर बन जाते हैं।

***

जब भी कुछ करिश्मा करो तो ऐसा करो कि हर जगह राज आपका ही हो। पसंद आने वालों के दिल में और नापसंद करने वालों के दिमाग में।

***

कोई भी नेता उस समय तक आगे नहीं बढ़ सकता, जब तक उनके सहयोगी उन्हें अपने मन की बात साफ-साफ नहीं बताते।

16
'मैं' नहीं सिर्फ 'हम' कहें

सहयोगियों के साथ रिश्ते मौके के नहीं बल्कि भरोसे के साथ निभाए जाते हैं।

***

सफल टीम लीडर बनने के लिये सदैव उदार रवैया रखने की जरूरत होती है।

***

सफल प्रबंधक कभी भी अपने अधिकारों का जरूरत से अधिक इस्तेमाल नहीं करते।

***

साहसी लीडर अपनी सफलता से अधिक अपनी टीम की कामयाबी के लिये चिंतित रहते हैं।

***

आश्चर्यजनक नतीजे हासिल करने के लिये सारी टीम पर विश्वास रखना जरूरी होता है।

***

अच्छे टीम लीडर एक और जहां मिलनसार होते हैं, वही उनका व्यवहार बहुत ही सामाजिक होता है।

***

एक अज्ञानी अगर दूसरे अज्ञानी लोगों का नेतृत्व करेगा तो सभी का खाई में गिरना तय है।

***

किसी भी नये कार्य की जिम्मेदारी लेने से डरने वाला लीडर कभी भी कामयाब नहीं हो पाता।

***

कामयाब लीडर सिर्फ हुकूमत करना नहीं जानते, बल्कि दूसरों को सही रास्ता भी दिखाते हैं।

***

सफल संचालक व्यक्तिगत खुशी से पहले अपनी टीम की खुशी का ख्याल रखते हैं।

***

महान लोग अपने महान कार्यों का श्रेय खुद लेने की बजाए अपनी सारी टीम को देते हैं।

***

जब दिल से काम करने का फैसला लिया जाये तो दिमाग कोई-न-कोई रास्ता निकाल ही देता है।

***

दूसरों से आगे रहने वाले लीडर अपना हर काम दूसरों से पहले और कुछ अलग ढंग से शुरू करते हैं।

***

अगर कोई व्यक्ति धीरे-धीरे ही तरक्की कर रहा हो तो भी उसकी आलोचना कभी नहीं करनी चाहिए।

***

एक कामयाब लीडर अपनी योग्यता के साथ दूसरों की योग्यता को भी समय-समय पर आंकते रहते हैं।

***

यदि आप भी कामयाब लीडर बनना चाहते हो तो सबसे पहले अपने हित की बात को त्यागना होगा।

***

जमाने को सही राह तभी दिखाई जा सकती है जब हम हमेशा हर बात

एक बुद्धिमान ज्ञानी की तरह ही सोचें।

***

हर दिन एक ऐसा काम जरूर करो, जिससे आपको डर लगता हो, इसके बाद फिर आपको कोई चीज नहीं डरा पायेगी।

***

अच्छे नेता बहाने बनाने की बजाए कामयाबी के लिये कोई-न-कोई रास्ता तलाश लेते हैं या फिर नया रास्ता बना लेते हैं।

***

बुद्धिमान नेता अपना हर आदेश इतनी बुद्धिमानी से देते हैं कि हर कोई उसका खुशी से पालन करने लगता है।

***

लीडरशिप को कायम रखने के लिये सफल लीडर खुद को एक सेवक से बढ़ कर कुछ नहीं समझते।

***

कुशल मुखिया जब भी कोई नया कार्य शुरू करते हैं, तो वो प्रेरणा लेने के लिये अंतर्मन में झांकते हैं।

***

सर्वश्रेष्ठ लीडर बनने के लिये सबसे पहले परिवार वालों का साथ और सहयोग बहुत जरूरी होता है।

***

सफल टीम लीडर हर दिन कुछ-न-कुछ ऐसा करते रहते हैं, जिसे देख कर उनके सहयोगी हैरान रह जाते हैं।

***

साहसी लीडर तानाशाही के दम पर नहीं, बल्कि अपने हुनर से सारी टीम को जोड़ कर रखना जानते हैं।

***

जरूरत से अधिक दबाव बना कर रखने से कोई भी सहयोगी अपने लीडर को दिल से सहयोग नहीं करता।

***

अकेले देखे गये सपने अकसर सपने ही रह जाते हैं, जबकि टीम के साथ मिल कर देखे हुए सपने हकीकत बन जाते हैं।

***

कामयाब लीडर खुद को संभालने के लिए अपने दिमाग का और दूसरों को संभालने के लिए दिल का इस्तेमाल करते हैं।

***

किसी भी टीम के सदस्य का दिल जीतने के लिये सबसे पहले उसके पसंदीदा विषय से बात शुरू की जानी चाहिए।

***

कुशल लीडर अपनी टीम को इस तरह से तैयार करते हैं कि फिर उन्हें एक-एक कदम उनके साथ नहीं चलना पड़ता।

***

कामयाब लीडर के पास चाहे कितना भी काम क्यूं न हो, लेकिन वो अपनी टीम की हर जरूरत का पूरा ध्यान रखते हैं।

***

अनुभवी टीम लीडर अपने साथियों से कभी भी ऐसा कोई वादा नहीं करते, जिसे आसानी से पूरा न किया जा सके।

***

बड़े से बड़ा लीडर भी तभी बेहतरीन परिणाम दे पाता, जब वो अपनी टीम के सदस्यों के साथ प्रेम-पूर्वक व्यवहार करें।

***

अपने साथियों का कभी गलती से भी मज़ाक मत उड़ाओ, क्योंकि पता नहीं किस दिन हमें उनके नीचे काम करना पड़ जायें।

***

नकारात्मक विचारों को दूर रखने का एक ही तरीका है, कि लगातार अच्छे विचारों का आदान-प्रदान करते रहें।

***

बुद्धिमान लीडर अपने ओहदे और रूतबे के बल पर नहीं, बल्कि जुनून के दम पर अपनी सारी टीम को साथ लेकर चलते हैं।

***

हर कार्यकर्त्ता के अंदर कुछ कमजोरियां और कुछ गुण होते हैं, एक सफल लीडर को इन्हीं के बीच संतुलन बनाना पड़ता है।

***

कुशल टीम लीडर इस बात को स्वीकार करते हैं कि अगर अपने करीबी साथ दे तो हर सपना पूरा किया जा सकता है।

***

कामयाब लीडर सिर्फ उन्हीं लोगों को अपने साथ रखते हैं, जो उन्हें उनके लक्ष्य को पाने में मददगार साबित हो पाते हैं।

***

महान बनने के लिये अपने दिमाग के साथ अपने सहयोगियों के दिमाग का भी इस्तेमाल करना सदैव बेहतर रहता है।

***

टीम को सदा एक जुट बनाए रखने के लिये सफल लीडर अपने सदस्यों को जिम्मेदारी देने के साथ उनके अधिकार देना भी नहीं भूलते।

***

साधारण नेता अपने सहयोगियों को आगे बढ़ने का हुक्म देते हैं, जबकि सूझवान लीडर उन्हें अपने साथ मिलकर आगे बढ़ने के लिये कहते हैं।

***

एक गुणी लीडर अपने साथियों को बार-बार समझाने की बजाए हर नये काम को अपने हाथ से कर दिखाने में विश्वास रखते हैं।

***

कोई भी कमांडर लगातार तभी तरक्की कर सकता है, जब वो खुद काम करते हुए और अपने साथियों से काम करवाते समय अपने व्यवहार में कोई फर्क ना रखें।

***

अच्छे टीम लीडर युवा वर्ग को सदैव इसलिये अहमियत देते हैं, क्योंकि वो जानते हैं कि जिस समाज का युवा जागरूक होता हैं उसका कोई बाल भी बांका नहीं कर सकता।

***

सफल टीम लीडर अपने आसपास अच्छी सोच वालों को ही रखते हैं, क्योंकि ऐसे लोग कठिन हालात में साथ नहीं छोड़ते।

***

लोहा नरम होकर औजार, सोना नरम होकर जेवर और आटा नरम होकर रोटी बन जाती है। इसी तरह अगर एक लीडर भी नरम हो जायें तो सारी टीम के दिलों में सदा के लिये राज कर सकता है।

***

एक टीम के साथ काम करते हुए कई बार जाने-अनजाने में कुछ कड़वी बातें भी सुननी पड़ती है। परंतु एक कामयाब लीडर उन्हें कड़वी गोली समझ कर निगल जाता है।

***

'शहद' ही एक मात्र ऐसी वस्तु है जिसे लंबे अरसे के बाद भी खाया जा सकता है। इसी तरह 'शहद' जैसा मीठा बोलने वाले हमेशा ही दूसरे के दिलों पर राज़ कर सकते हैं।

***

सफल लीडर्स को यह बात सदा याद रखनी चाहिए कि उनके सदस्यों का काम तो उनके बिना चल जायेगा, मगर उनका काम उनके बिना नहीं चल पायेगा। इसलिये सभी के साथ तालमेल बना कर रखना जरूरी होता है।

***

कोई भी व्यक्ति अच्छा लीडर बन सकता है, क्योंकि लीडरशिप के लिये किसी खास किस्म की डिग्री की जरूरत नहीं होती, बल्कि यह तो हमारे मानसिक विकास के साथ निखरती है।

***

बुद्धिमान नेता सबसे पहले अज्ञानता और अंधकार को मिटाने की कोशिश करते हैं, क्योंकि उन्हें मालूम होता है कि अज्ञानी और बेरोजगार लोग सबसे अधिक अशांति फैलाने का काम करते हैं।

***

लीडर कितनी भी कठिनाई में क्यूं न हो, लेकिन उसके मन में सदा

विश्वास कायम रहता है, क्योंकि वो जानते हैं कि सूरज भी तो सारी दुनिया में अकेला ही चमकता है।

***

आपसी विश्वास ही किसी भी संगठन की असली शक्ति होती है। उसी से ही किसी भी संगठन का अस्तित्व एक जुटता से कायम रह पाता है।

***

छोटी-बड़ी बातों को लेकर एक टीम में मतभेद होना आम बात है, लेकिन गुणी लीडर फिर भी सभी साथियों को हमेशा अपने साथ लेकर चलते हैं।

***

कोई भी संस्था तभी आगे बढ़ सकती है, जब उसके सदस्यों को यह विश्वास हो कि उनकी हर छोटी गलती के लिये उन्हें बेवजह सजा नहीं दी जायेगी।

***

तरक्की की राह पर आगे बढ़ते समय यदि अपनी जरूरतें कम-से-कम और लोगों से तालमेल अधिक रखा जाए तो सफलता का सफर आसान हो जाता है।

***

आज के माहौल में सफल लीडर बनने के लिये अपने आसपास जुड़े हर व्यक्ति से तालमेल बनाए रखना बहुत जरूरी होता जा रहा है।

***

आज सिर्फ ताकत के दम पर कोई भी लीडर आगे नहीं बढ़ सकता। उसके लिये सभी को साथ लेकर चलना जरूरी होता जा रहा है।

***

बुद्धिमान नेता हर दिन अपने अनुभव को बढ़ाने के साथ दूसरों के अनुभव से भी हमेशा कुछ नया सीखने का प्रयास करते रहते हैं।

***

महान लोगों के विचारों को बार-बार अपने सभी साथियों के साथ शेयर करते रहना चाहिए, क्योंकि इन्हीं से टीम में जोश और ऊर्जा बनी रहती है।

***

जहां तक मुमकिन हो सके, ऐसे लोगों को अपने साथ रखो, जो आपके लिये उतना जरूर करें, जितना आप उनके लिये करते रहे हो।

***

कोई भी इंसान हर किस्म का काम नहीं कर सकता, ऐसे में आप अपनी संस्था की तरक्की के लिये दूसरे विकल्पों पर सदा विचार-विमर्श करते रहना चाहिए।

***

स्मार्ट लीडर अपनी आंखों में हर समय कोई-न-कोई सपना जरूर देखते रहते है और अपने साथियों को भी उस लक्ष्य के लिये प्रेरित करने का प्रयास करते हैं।

***

किसी भी प्रकार की चिंता हमारी सोच और सेहत को तो नुकसान पहुंचाती ही है, साथ ही यह हमारी लीडरशिप की छवि को भी बुरी तरह से प्रभावित करती है।

***

बुद्धिमान लीडर हमेशा अपने साथ कुछ ऐसे लोगों को रखते हैं, जो उनके हर काम की प्रतिक्रिया ठीक से दे सकें, क्योंकि इसके बिना किसी भी कार्यशैली में सुधार नहीं किया जा सकता।

17

दूसरों को नहीं खुद को बदलें

सफल नेता बनने के लिये हर तरह का भेदभाव छोड़ना पड़ता है।

***

एक सफल लीडर की प्राथमिकता अपनी सफलता से बढ़ कर टीम की कामयाबी होती है।

***

सबसे प्यारा रिश्ता एक वही होता है जिस पर हक तो पूरा हो, लेकिन शक बिलकुल भी न हो।

***

बेकार का शोर तो कुत्ते भी बहुत मचाते हैं, लेकिन असली दहशत हमेशा शेर की ही होती है।

***

बुद्धिमान लीडर सफल होने के लिये सब से उम्मीद रखने की बजाए सिर्फ रब से उम्मीद रखते हैं।

***

जीवन में सबसे अधिक मूल्यवान पल वो होते हैं, जब हम कुछ नया सीखने का प्रयास करते हैं।

***

अगर हमारा दिल और दिमाग बंद है, तो आखें खुली रखने से भी कोई लाभ नहीं मिलेगा।

***

बुद्धिमान लीडर अपने सहयोगियों को बदलने से पहले अपना नज़रिया बदलते हैं।

***

अच्छे नतीजे पाने के लिये गुणी लीडर अपने जैसे कई और लीडर तैयार करते रहते हैं।

***

बुद्धिमानी से दिये हुए हर आदेश को सभी सदस्य खुशी-खुशी मान लेते हैं।

***

कामयाब बॉस बातचीत तो सभी से करते रहते हैं, मगर वो कभी भी बेकार की बातों में उलझते नहीं।

***

नखरें तो सिर्फ अपने घर वाले ही उठा पाते हैं, दुनिया वाले तो सिर्फ उंगलियां उठाना जानते हैं।

***

जिस लीडर के मन में अहंकार आ जाये, वे बहुत सारे कामयाब साथियों को बेवजह खो देते हैं।

***

हर समय दूसरों को बदलने के लिये दबाव बनाने से बेहतर होता है कि हम खुद में कुछ बदलाव कर लें।

***

कुछ लीडर राजनीति के फैसलों को उस समय तक टालते रहते हैं, जब तक लोग उन्हें भूल नहीं जाते।

***

हर लीडर को एक साथ कई भूमिकाएं निभानी पड़ती है, लेकिन हर भूमिका को अलग-अलग रखना चाहिए।

***

कोई भी योजना छोटी हो या बड़ी, उस पर हमेशा पूरा ध्यान केंद्रित करते हुए ही आगे बढ़ना चाहिए।

***

किसी भी व्यक्ति की नई सोच और नये विचार ही नेताओं और अनुयायियों में फर्क पैदा करते हैं।

***

कुछ बातों को भूल जाना ही अच्छा होता है, क्योंकि हर बात को याद रखने से भी बेचैनी बढ़ती है।

***

खेल ताश का हो या जिंदगी का, अपना इक्का तभी दिखाना चाहिए, जब सामने बादशाह हो।

***

अकसर ऐसा भी होता है कि जो लीडर सब की फिक्र करते हैं, उसकी फिक्र कोई नहीं करता।

***

जब फैसला ऊपर वाले के हाथ में होता है, तो जमीन पर रहने वालों की वकालत नहीं चल पाती।

***

जब तक हम खुद अपने हाथ से अपने काम नहीं करेंगे, उस समय तक कामयाब होना कठिन होता है।

***

समझदार लीडर अपनी बात कहने से पहले और बाद में भी अपने साथियों की राय को गौर से सुनते हैं।

***

टीम लीडर जानते हैं कि खुशियां अपने पास रख कर इतना आनंद नहीं मिलता जितना की खुशियां बांट कर।

***

महान सूरमा अपने हर हुनर का इस तरह से इस्तेमाल करते हैं कि जैसे वो सब कुछ पहले से जानते हो।

***

कोई लीडर कहां से आया है, इससे अधिक महत्त्वपूर्ण यह होता है कि वह किस राह पर आगे बढ़ रहा है।

***

जमाने वाले किसी भी लीडर की तभी कदर करते हैं, जब वह कुछ अद्वितीय कारनामें कर के दिखाता है।

***

खुद को अहमियत देना बुरा नहीं होता, लेकिन दूसरों को नजरअंदाज करना भी तो अच्छी बात नहीं होती।

***

जीवन में सबसे खतरनाक हालात तभी होते हैं, जब दुविधा के चलते हम कोई निर्णय नहीं ले पाते।

***

सफल टीम लीडर वही होता है, जो अपनी हर कामयाबी का श्रेय सारी टीम के सदस्यों को देता है।

***

मूर्ख लोगों को बार-बार सलाह देने से बचना चाहिए, क्योंकि वह अपनी जिद्द कभी नहीं छोड़ते।

***

कोई लीडर अपनी टीम में तभी परिवर्तन ला सकता है, जब वो खुद सबसे पहले संघर्ष करने की हिम्मत दिखाता है।

***

कुशल लीडर हर सहयोगी को अपनी जरूरत के मुताबिक ट्रेनिंग देकर लक्ष्य हासिल करने के लायक बना ही लेते हैं।

***

अपने सहयोगियों से अच्छा और बेहतर काम लेने के लिये लीडर को समय-समय पर उनकी मदद करते रहना चाहिए।

***

सफल व्यक्ति अपने प्रतिद्वंद्वी से उसकी अच्छी बातें तो जरूर सीखते हैं, लेकिन कभी भी उसकी नकल नहीं करते।

***

सफलता पाने के लिये संघर्ष करना सचमुच कठिन होता है, लेकिन हार

कर जीना उससे भी अधिक मुश्किल होता है।

***

सफल लीडर कभी भी अपनी नाक को बचाने के लिये ऐसा आदेश नहीं देते, जो कि पूरा नहीं किया जा सकता।

***

किसी भी दूसरे व्यक्ति से अपनी इच्छानुसार कार्य करवा लेना ही किसी लीडर की सबसे बड़ी खासियत होती है।

***

कुशल लीडर अपना हर काम सदा इस तरह से करते हैं कि उसमें कुछ-न-कुछ अनूठापन जरूर दिखाई देता है।

***

जो लीडर हर समय दूसरों की मदद करना जानते हैं, वे जिस भी ओहदे तक पहुंचना चाहे, उसे हासिल कर ही लेते हैं।

***

बुद्धिमान लीडर किसी भी नई योजना को सही ढंग से शुरू करने से पहले अपने सभी सहयोगियों से विचार-विमर्श करते हैं।

***

अपनी टीम के किसी भी सदस्य को गलत समझने से पहले हमें इतना जरूर जांच लेना चाहिए कि क्या हम बिलकुल सही है।

***

यह जरूरी नहीं होता कि हर बार लीडर का निर्णय ही सही हो, कई बार टीम के दूसरे सदस्य भी बेहतर राय दे सकते हैं।

***

अपनी टीम के साथ अच्छे रिश्ते बनाये रखने के लिये बाकी सभी चीजों के साथ पैसे का लेन-देन भी सदा ठीक से रखना जरूरी होता है।

***

एक अच्छा कप्तान यह जानता है कि लगातार आगे बढ़ने के लिये पुरानी चीजों को बेझिझक छोड़ना होगा।

***

अहंकार से सदा बचना चाहिए, क्योंकि रावण जैसे महान योद्धा का भी केवल अहंकार करने के कारण ही सब कुछ नष्ट हो गया था।

***

हर किसी से अपनापन बनाने के लिये एक लीडर को सामने वाले की भाषा, स्तर और रुचि के मुताबिक ही बात करनी चाहिए।

***

किसी भी लीडर की सफलता सिर्फ इस बात पर निर्भर करती है कि उसके सहयोगी उसके निर्णय को कितना खुशी-खुशी स्वीकार करते हैं।

***

समझदार लीडर एक ओर जहां अपने सहयोगियों से जी-तोड़ मेहनत करवाते हैं, वहीं समय-समय पर उनका धन्यवाद करना भी नहीं भूलते।

***

प्रभावशाली तरीके से काम करने वाले लीडर अपने साथियों के साथ दोस्ती का व्यवहार रखते हुए भी एक गुरु की तरह सलाह देते रहते हैं।

***

साधारण कार्यकर्त्ता जब जमीन पर बैठता है, तो वह जगह उसकी औकात कहलाती है, जब कोई बड़ा लीडर जमीन पर बैठ जाए तो यह उसका बड़प्पन कहलाता है।

***

नज़रिया एक बहुत ही छोटी-सी चीज़ होती है, लेकिन इससे टीम के साथ काम करते समय हमारी कार्यशैली में बहुत बड़ा फर्क आ जाता है।

***

प्रतिभाशाली लीडर हमेशा अपनी जिम्मेदारी को समझते हुए हर जगह अपने साथियों से पहले पहुंचते हैं और पूरी तरह से कार्य पूरा किये बिना नहीं जाते।

***

सफल टीम लीडर बनना तभी संभव हो पाता है, जब हम अपनी टीम के सदस्यों के दिलों में एक खास जगह बनाने में कामयाब हो पाते हैं।

***

बुद्धिमान लीडर अपने किसी भी आदेश को पत्थर पर लिखी हुई लकीर नहीं मानते, वो समय और हालात के मुताबिक उनमें बदलाव करते रहते हैं।

***

सफल टीम लीडर बनने के लिये जो कुछ दिल में हो... उसे बोलने के लिये और जो बात सहयोगियों के दिलों में हो... उसे समझने की हिम्मत दिखानी पड़ती है।

***

महान लीडर केवल वही लोग बन सकते हैं, जो अधिक-से-अधिक लोगों के हित के बारे में सोचते और उनके जीवन को बेहतर बनाने का प्रयास करते हैं।

***

आप जिस भी क्षेत्र में सफल होना चाहते हो, उससे जुड़े सफल लोगों की जीवनियों को पढ़ कर अपने व्यवहार में ढ़ालना शुरू कर दो, सफलता जरूर मिलेगी।

***

हम क्या कुछ कहते हैं, क्या कुछ करते हैं, एक समय के बाद हर कोई उसे भूल जाता हैं, लेकिन हमने किस के साथ कैसा व्यवहार किया, वह कोई नहीं भूलता।

***

हर काम सोच-समझ कर ही किया जाता है, इसीलिये महान लीडर सदैव अपनी सोच को बड़ा रखते हैं ताकि बड़े-बड़े काम आसानी से पूरे किये जा सकें।

***

कोई भी लीडर सिर्फ लेने की भावना मन में रख कर तरक्की नहीं कर सकता, उसके लिये उसे देने का स्वभाव बनाना पड़ता है।

***

लड़ाई-झगड़ा करना तो हर कोई जानता है, लेकिन महान टीम लीडर हमेशा ही कुछ समाज हित में कुछ अलग कर के दिखाते हैं।

***

'नहीं' और 'हां', यह दो बहुत छोटे शब्द हैं, इससे जिंदगी में बहुत-सी चीजें खो देते हैं। 'नहीं' जल्दी बोलने पर और 'हां' देर से बोलने पर।

***

किसी भी देश को सदा ऐसे नेताओं की जरूरत रहती है, जो यह समझ सकें कि देश की बुनियादी जरूरतें कैसे पूरी की जा सकती है।

***

अपने किरदार में अगर सोने जैसी चमक देखना चाहते हो, तो आज से ही अपने चरित्र को सोने की तरह पालिश करना शुरू कर दो।

***

अगर हमारी लीडरशिप में किसी प्रकार की कोई कमी हो, तो हमें ऐसे व्यक्ति से सहयोग लेना चाहिए, जो हमें हर कार्य में सफल होने के लायक बना सकें।

***

लोग हमारे बारे में क्या सोचते हैं, इसकी चिंता करने की बजाए हमें कुछ ऐसा अनूठा कार्य करना चाहिए, जिसे देख कर हर कोई प्रशंसा करने को मजबूर हो जायें।

***

बारिश की बूंदें भले ही छोटी हो लेकिन उनका लगातार बरसना बड़ी-बड़ी नदिया का बहाव बन जाता है। ऐसे ही मिलजुल कर किये गये छोटे-छोटे प्रयास एक साधारण व्यक्ति को महान लीडर बना देते हैं।

18

खिलाड़ी और नेतृत्व कौशल विकास

सबसे सफल खिलाड़ी असंभव शब्द के बारे में कुछ नहीं सोचते।

***

सही काम को सही ढंग से करने का तरीका कभी पुराना नहीं होता।

***

सर्वश्रेष्ठ टीम लीडर में सबसे अधिक भूख सफलता की होती है।

***

खेल के समय टीम लीडर का सारा ध्यान अच्छे प्रदर्शन पर ही रहता हैं।

***

हिम्मत और ताकत के आगे डर एक पल के लिये भी नहीं टिक सकता।

***

आत्मविश्वासी खिलाड़ी का हर कदम उसे जीत की ओर आगे ले जाता हैं।

***

जरूरत से अधिक विनम्रता दिखाने से हम कोई भी खेल नहीं जीत पाते।

***

अपने सुखों को त्यागे बिना आप दूसरों के दिलों पर राज़ नहीं कर सकते।

***

सफल खिलाड़ी कभी भी अपनी उम्र को अपने सपनों पर हावी नहीं होने देते।

***

हर दिन कुछ-न-कुछ नया सीखने से ही आत्मविश्वास और अनुभव बढ़ता है।

***

एक ही खेल को हर बार एक ही तरीके से खेल कर नहीं जीता जा सकता।

***

कठिनाइयां सिर्फ गलत राह पर ही नहीं, सही रास्ते पर भी परेशान करती है।

***

हर खेल को वही खिलाड़ी जीत सकते हैं, जो लगातार अभ्यास करते रहते हैं।

***

सर्वश्रेष्ठ खिलाड़ी अपने खानपान से अधिक अभ्यास पर ध्यान केंद्रित रखते हैं।

***

एक नकारात्मक सोच वाला सदस्य भी सारी टीम का मनोबल गिरा सकता है।

***

जो लोग अपने लक्ष्य के प्रति गंभीर होते हैं, वो कभी भी रुकना पसंद नहीं करते।

***

हम कितने कमजोर या ताकतवर हैं, यह सब कुछ हमारी सोच ही हमें बता सकती है।

***

कामयाब कप्तान हर दिन अपनी टीम और दुनिया को अलग नजरिये से देखते हैं।

***

सही ढंग से जिदंगी जीने के लिये सबसे पहले अपने ऊपर विश्वास रखना सीखो।

***

जोखिम उठाए बिना आज तक कोई भी खिलाड़ी अच्छा टीम लीडर नहीं बन पाया।

***

किसी भी टीम का कप्तान बनते ही हर सदस्य पर बहुत बड़ी जिम्मेदारी आ जाती है।

***

सफल खिलाड़ियों को अपनी प्रतिभा दिखाने के लिये इधर-उधर नहीं भटकना पड़ता।

***

खेल का मैदान किसी जंग से कम नहीं होता, इसके लिये भी तैयारी पूरी रखनी चाहिए।

***

महान खिलाड़ी कभी भी किसी से रंग, धर्म, जाति या बड़े-छोटे का भेदभाव नहीं करते।

***

कोई खिलाड़ी कितना भी बड़ा क्यूं न हो, लेकिन वो अपनी टीम से बड़ा नहीं हो सकता।

***

आत्मविश्वास को बढ़ाने के लिये ज्ञान के साथ अच्छी सेहत का होना भी आवश्यक होता है।

***

जिंदगी भी कामयाबी के मौके उन्हीं लोगों को देती है, जो हर समय आगे बढ़ना जानते हैं।

***

किसी भी टीम का लीडर बनने के लिये दूसरे खिलाड़ियों से बहुत तेज दौड़ना पड़ता है।

***

डर उस समय तक बुरा नहीं होता, जब तक वो आपको आगे बढ़ने से रोकना शुरू न कर दें।

***

अगर आप सबसे कामयाब टीम लीडर बनना चाहते हो तो कभी किसी से कुछ उम्मीद मत रखो।

***

लीडर और लीडरशिप के सबसे बेहतरीन उदाहरण सिर्फ खेल के मैदान में ही देखे जा सकते हैं।

***

बेहतर टीम लीडर बने रहने के लिये आपको हर बार पहले से अच्छा प्रदर्शन दिखाना पड़ता है।

***

हर छोटे-बड़े विवाद से सदा बचना चाहिए, क्योंकि यह किसी भी टीम में बड़ी दरार डाल सकती है।

***

लीडर को सारी टीम की जिम्मेदारी लेनी पड़ती है, क्योंकि यह काम कोई दूसरा नहीं कर सकता।

***

जिस खिलाड़ी ने टीम और टीम लीडर को ठीक से नहीं समझा, उसने जीवन में कुछ नहीं सीखा।

***

इससे पहले कि कोई दूसरा व्यक्ति हमारी गलती को सुधारे, हमें खुद ही उसमें सुधार कर लेना चाहिए।

***

अपने सपनों को हकीकत में बदलने के लिये अपनी जीत के विश्वास को गहरी आस्था में बदल डालो।

***

जिस खिलाड़ी ने हार का स्वाद चखा हो, वही जीत के लिये अतिरिक्त शक्ति पैदा करना जानता है।

***

सर्वश्रेष्ठ खिलाड़ी उस समय भी खुद को सबसे बेहतर समझते है, जब कि लोग उसे पहचानते भी नहीं।

***

जिस टीम के पास एक अच्छा टीम लीडर है, उसके पास और कुछ न भी हो तो भी बहुत कुछ होता है।

***

जो भी चीज़ आपको मानसिक रूप से कमज़ोर बनाती हो, उसे जहर समझ कर सदा के लिये त्याग दो।

***

यह तो हम सभी जानते हैं कि भगवान सबसे महान है, लेकिन आप एक महान लीडर जरूर बन सकते हैं।

***

हर कप्तान को एक बात सदा याद रखनी चाहिए कि वो अपनी टीम के हर सदस्य को नहीं बदल सकता।

***

जब हमारा प्रतिद्वंद्वी जान-बूझ कर कोई गलती कर रहा हो, तो उसे बिलकुल भी रोकना नहीं चाहिए।

***

जो व्यक्ति अपने छोटे-छोटे कार्य आसानी से पूरे कर सकते हैं, वो एक दिन महान लीडर भी बन सकते हैं।

***

टीम के कप्तान को जीतने की फिकर के साथ हर खिलाड़ी को हार से बचाने की चिंता भी सताती है।

***

एक टीम लीडर जब अपने किसी सदस्य को 'हां' कहता है, तो उस 'हा' को सदा याद भी रखना चाहिए।

***

कोई भी दूसरा व्यक्ति हमें कामयाबी नहीं दे सकता। यह सब कुछ हमें खुद ही हासिल करना पड़ता है।

***

गुणवान लीडर हर उस सदस्य की इज्जत करना जानते हैं, जो हर बात साफ-साफ कहने की हिम्मत रखते हैं।

***

कामयाब टीम लीडर अपना हर काम इतनी जिम्मेदारी से करते हैं कि वो दूसरो के लिये उदाहरण बन जाते हैं।

***

सफल खिलाड़ी दूसरों को हराने की मंशा रखने की बजाए अपना सर्वश्रेष्ठ प्रदर्शन दिखाने में विश्वास रखते हैं।

***

जो कुछ बनने के लिये आपके मन में इच्छा होती है, सच में वैसा बनने के लिये बहुत साहस की जरूरत होती है।

***

होशियार लीडर खेल की बारीकियां तो समझते ही हैं, साथ ही खेल के महत्त्व को भी पूरी गंभीरता से लेते हैं।

***

महान खिलाड़ी बनने के बाद विनम्र रहना कठिन होता है, लेकिन यह कामयाब लीडर के लिये बहुत जरूरी होता है।

***

इंसान चाहे कितना भी कमजोर क्यों न हो, लेकिन वह फिर भी किसी-न-किसी क्षेत्र में जरूर कमाल कर सकता है।

***

हर खिलाड़ी को एक कोच की जरूरत होती है, इससे कोई फर्क नहीं पड़ता कि आप कौन-सा खेल खेलना चाहते हो।

***

सफल खिलाड़ी समय का हिसाब-किताब रखने की बजाए उसका बेहतर ढंग से इस्तेमाल करने में विश्वास रखते हैं।

***

स्वभाव में नरमी होना अच्छी बात है, लेकिन खेल खेलते समय आक्रमकता और जुनून का होना बहुत जरूरी होता है।

***

इस दुनिया में परेशानियों की कोई कमी नहीं है, लेकिन यह भी सच है कि उन पर काबू पाना भी कठिन नहीं होता।

***

हर लीडर अपने सभी सपने पूरे कर सकता है, अगर वो कल से नहीं बल्कि आज से ही उसके लिये काम शुरू कर दे।

***

अपना सर्वश्रेष्ठ प्रर्दशन करने के साथ दूसरों के लिये प्रेरणा बनना थोड़ा मुश्किल हो सकता है, लेकिन यह बहुत अच्छा होता है।

***

खेल खेलते समय पहली सही चाल का लाभ तभी मिल पाता है, जब हम आगे की चाल और बेहतर तरीके से चलने का प्रयास करें।

***

अगर आप यह चाहते हैं कि कोई भी दूसरा व्यक्ति आपकी लीडरशिप न छीन लें, तो हर बार कुछ अनूठा करने का स्वभाव बना लो।

***

दूसरे लोगों की तरह लीडर के पास भी एक ही जीवन होता है, इसलिये जो कुछ सबसे बेहतर कर सकते हो, वो जल्दी से कर डालो।

***

कोई भी टीम एक या दो सदस्यों पर निर्भर हो कर खेल नहीं जीत सकती, हर खिलाड़ी को अपना सर्वश्रेष्ठ प्रर्दशन करना ही होता है।

***

जिस प्रकार कुदरत अपना हर कार्य चुपचाप करती रहती है, उसी तरह साहसी खिलाड़ी भी हर खेल को जीतने का स्वभाव बना लेते हैं।

***

जो टीम अपने दिमाग में एक बार जीत के बारे में सोच लें और उनका दिल इस बात पर विश्वास कर ले, तभी वो कुछ करिश्मा कर सकते हैं।

***

चैम्पियन जीत के लिये जितने परिश्रम से अपने शरीर को मजबूत बनाते हैं, उतनी ही मेहनत से दिल और दिमाग को भी मजबूत बनाना चाहिए।

***

अनुभवी लीडर अपने अतीत के बारे में नहीं सोचते, क्योंकि उनका मानना है कि वो हमारे भविष्य को बिगाड़ तो सकता है, लेकिन संवार नहीं सकता।

***

अभ्यास करना बहुत मुश्किल होता है, लेकिन जो खिलाड़ी जान लगा कर अभ्यास करना सीख लेते है, वो फिर अपने खेल के चैंपियन बन जाते हैं।

***

शतरंज की गोटियां तो सभी खिलाड़ियों के लिये एक जैसी ही होती है, लेकिन कुशल खिलाड़ी अपनी हर चाल से बाजी पलटने का दम रखते हैं।

***

जिस विषय के बारे में पूर्ण जानकारी न हो, उसके बारे में अनुमान लगाने से अच्छा होता है कि हम दूसरों से बात करके अपना समय और मेहनत बचाएं।

***

अच्छा खिलाड़ी बनने के लिये प्रतिभा और अभ्यास की जरूरत होती है, जबकि बेहतर टीम लीडर बनने के लिये कौशल के साथ इच्छाशक्ति जरूरी होती है।

***

सचिन जैसे महान खिलाड़ियों ने सारी दुनिया को दिखा दिया है कि सच्ची लगन से कुछ भी किया जाये तो साधारण इंसान भी भगवान बन सकता है।

***

कोई भी खिलाड़ी उस समय चैम्पियन नहीं बनता, जब वो अकेला कोई खेल खेलता हैं, बल्कि असल में वो उस समय कामयाब होता है, जब सारी टीम जीतती हैं।

***

किसी भी टीम के चाहे सभी खिलाड़ी कितने भी कुशल क्यों न हो, लेकिन जब तक सभी एक जुट हो कर नहीं खेलेंगे, उस समय तक कोई भी मैच नहीं जीत सकते।

19
बिजनेस लीडर्स के गुण

आधे-अधूरे ज्ञान से कभी भी प्रभावशाली लीडर नहीं बन सकते।

***

जिंदगी में सबसे बड़ा जोखिम होता है कि कभी भी कोई रिस्क ना लेना।

***

सिर्फ इतिहास के पन्नों को पढ़ कर जीवन को आगे नहीं बढ़ाया जा सकता।

***

कुशल व्यापारी पहले अपने कर्मचारियों का, फिर ग्राहकों का ख्याल रखते हैं।

***

एक साथ बहुत सारे कार्य शुरू कर देने से सफलता आसानी से नहीं मिलती।

***

छल करने और धोखा देने वालों के सिवाए किसी से डरने की जरूरत नहीं होती।

***

तरक्की की राह में कुछ काम जोखिम लिये बिना पूरा नहीं किये जा सकते।

***

अकेले रह कर जिंदगी बढ़िया तो हो सकती है, लेकिन व्यापार करना आसान नहीं होता।

***

हमारे जीवन में सबसे अच्छा कुछ करने का समय वही होता है, जो अभी हमारे हाथ में है।

***

किसी भी व्यापार को सफलतापूर्वक सीखने की कला उसे बार-बार करने से ही आती है।

***

जितनी जरूरत हमारे सहयोगियों को हमारी होती है, उतनी ही जरूरत हमें भी उनकी होती है।

***

किसी भी क्षेत्र में कामयाब बनना चाहते हो तो बेकार की बातों पर गौर करना छोड़ दो।

***

अच्छे कारोबारी सिर्फ व्यापार ही नहीं करते, बल्कि वो समाज और देश का निर्माण भी करते हैं।

***

सबसे बड़ी सफलता पाने के लिये हमें उसके लिये तैयारी भी दूसरों से पहले करनी पड़ती है।

***

कुछ लोग अनुभव से सिर्फ इतना ही सीख पाते हैं कि अनुभव से कुछ नहीं सीखा जा सकता।

***

डर से बचने का एक मात्र यही उपाय होता है कि जल्द-से-जल्द अपने काम में निपुण बन जाओ।

***

अपने व्यापार में सफल होने वाले कभी भी अपनी सफलता पर एक पल के लिये भी शक नहीं करते।

***

खतरों से खेलने वाले यह जानते हैं कि या तो वो सफल होंगे या कुछ न कुछ नया जरूर सीखेंगे।

***

कोई कम्पनी चाहे कुछ भी बनाएं या बेचे, लेकिन उसे मानव हित की बात सदा ध्यान में रखनी चाहिए।

***

कल तक जो कुछ हमारे साथ हो चुका है, उसके बारें में अफसोस करना सिर्फ समय की बर्बादी है।

***

अपनी साख बनाये रखने के लिये हमें बार-बार अपनी बात और चेहरा बदलने से परहेज करना चाहिए।

***

यह जरूरी नहीं होता कि अगर हमें एक अच्छा लीडर नहीं मिला तो हम भी अच्छे लीडर नहीं बन पायेंगे।

***

सफल कारोबारी बनने के लिये जरूरी होता है कि हम हर किसी रिश्ते को तोड़ने की बजाए जोड़ कर रखें।

***

सफल होने के लिये आज दूसरों को सफल बनाने के लिये सहयोग करना बहुत जरूरी होता जा रहा है।

***

जीवन में कभी भी कोई ऐसा काम नहीं करना चाहिए, जिसे करने के बाद दूसरों के सामने शर्मिंदा होना पड़े।

***

अनुभवी लीडर उन साहसी लोगों की सदैव प्रशंसा करते हैं, जो सारी टीम में उत्साह भरने का काम करते हैं।

***

हर व्यक्ति में कामयाब लीडर बनने के इतने गुण होते हैं, जिनके बारे में उन्होंने आज तक कभी सोचा भी नहीं।

***

जो काम हमें दिल से अच्छा नहीं लगता, उसे बार-बार करने पर भी सफलता पाना मुश्किल ही होता है।

***

कामयाब व्यापारी सिर्फ रिश्ते बनाना ही नहीं जानते, बल्कि वो उनमें पूर्ण रूप से विश्वास भी बनाए रखते हैं।

***

सबसे कामयाब व्यापारी हर किसी से दुआ-सलाम करने और आपसी तालमेल बनाए रखने में विश्वास करते हैं।

***

सच्चा सहयोगी वही होता है जो उस वक्त भी टीम के साथ खड़ा होता है जब उसे कही और होना चाहिए था।

***

बिजनेस लीडर व्यापार करने के साथ अपनी सारी टीम और समाज के चरित्र को भी सुधारने में विश्वास रखते हैं।

***

लगातार काम करते रहने से मन में विश्वास बढ़ता है, जबकि खाली बैठने से हमारे दिल में डर समाने लगता है।

***

अपने किसी भी साथी को कभी भी कोई ऐसा काम करने के लिये मत कहें, जिसे आप खुद करना पसंद नहीं करते।

***

जिस व्यक्ति के अंदर कामयाबी का जुनून पैदा हो जायें, उसे सफल होने से दुनिया की कोई ताकत नहीं रोक सकती।

***

सूझवान कारोबारी हर समय नये विचारों की तलाश में रहते हैं। जो उन्हें हमेशा आगे बढ़ने के लिये प्रेरित कर सकें।

***

दूसरों के इंतजार में समय बर्बाद करने की बजाए हम थोड़ी सी रुचि दिखा कर बहुत सारे नये मित्र बना सकते हैं।

***

चौखटों की ऊंचाई बढ़ाने से कुछ नहीं होता, किसी भी इंसान का कद तो सिर्फ इंसानियत से ही बढ़ता है।

***

हमारे जीवन में महाभारत की शुरुआत तभी होती है, जब हमारे मन में अपने हक से अधिक पाने का लालसा पैदा होती है।

***

जो व्यक्ति जरूरत से अधिक अच्छा काम करते हैं, उनकी संस्था के संचालक हमेशा के लिये उनके ऊपर निर्भर हो जाते हैं।

***

कुछ कार्यों को करने से हमें खुशी तो नहीं मिलती, लेकिन वही काम सफलता दिलाने में बहुत मददगार साबित हो सकते हैं।

***

सफल लीडर हमेशा अपनी टीम का हिस्सा बन कर साथ चलते हैं, वो खुद को कभी भी अपनी टीम से अलग नहीं समझते।

***

केवल अच्छा चेहरा दिखाने से कोई अच्छा टीम लीडर नहीं बन जाता, उसके लिये हमें अपने चरित्र को भी अच्छा बनाना पड़ता है।

***

हमारे पास चाहे कितना भी धन क्यूं न हो, लेकिन सही योजना और अच्छी टीम के बिना कामयाबी पाना नामुमकिन ही होता है।

***

हमारे साथ सबसे बुरा क्या हो सकता है, उसके बारे में अच्छे से सोच कर उस बुरे को कम बुरा करने की कोशिश करनी चाहिए।

***

हमें सदा एक दूसरे की मदद करते रहना चाहिए क्योंकि दूसरों की मदद के बिना व्यापार में कामयाबी पाना बहुत कठिन होता है।

***

आप कोई चीज़ कितनी भी मौलिक क्यूं न बना लो, लेकिन उस का लाभ तभी मिल पाता है, जब लोग उसे पसंद करना शुरू करते हैं।

***

यदि आप अपने विचारों या उत्पाद से दूसरों को प्रभावित नहीं कर पा रहें, तो इसके मायने यही हैं कि आपने अभी कुछ नया नहीं किया।

***

हमारे प्रतिद्वन्द्वी बेशक हमारे काम से लेकर हमारे उत्पाद की नकल कर लें, लेकिन वो कभी भी हमारे जुनून की नकल नहीं कर सकते।

***

कई बार कुछ विचार मूर्खतापूर्ण लगते हैं, लेकिन अगर उनसे कुछ भी लाभ मिल सकता है, तो उन्हें एक बार जरूर आजमाना चाहिए।

***

किसी काम को न करने के सैंकड़ों बहाने हो सकते हैं, लेकिन उसी काम को करने के लिये बस एक सकारात्मक विचार ही काफी होता है।

***

आप चाहे किसी भी व्यवसाय से जुड़े हो, लेकिन नंबर-1 बने रहने के लिये आपको सदा प्रोफेशनल ढंग से ही अपना हर काम करना होगा।

***

कभी भी किसी का बुरा नहीं सोचना चाहिए, जहां तक मुमकिन हो सकें, हर किसी के लिये कुछ बेहतर ही करने का प्रयास करते रहना चाहिए।

***

किसी भी क्षेत्र में सफलता पाने के लिये अपनी टीम पर अपना निजी प्रभाव बनाने की बजाए टीम के गुणों को परखना बेहतर रहता है।

***

जो व्यक्ति आपकी जरूरत से अधिक प्रशंसा करता हो, उससे सावधान रहना चाहिए, क्योंकि वह किसी दिन आपको अपमानित भी कर सकता है।

***

हमारे पास जो कुछ है, उन चीजों को देख कर खुश रहना चाहिए ना कि जो एक-दो वस्तुएं हमारे पास नहीं होती, हम उसके लिये निराश होते रहें।

***

लालच हमेशा बुरा नहीं होता, क्योंकि जब तक हम किसी चीज का लालच नहीं करेंगे, तब तक उसे हासिल करने के लिये अथक प्रयास भी नहीं करेंगे।

***

जो लोग किसी खास लक्ष्य को लेकर पागलों की तरह सोचते हैं कि

वे सबसे बड़े लीडर बन सकते हैं, वे एक दिन सच में महान लीडर बन ही जाते हैं।

***

कुछ इंसान समय और हालात के मुताबिक अपने विचार नहीं बदल पाते, इसका मतलब यही होता है कि वे अपने दिमाग का सही ढंग से इस्तेमाल नहीं कर पा रहे।

***

आज की दुनिया में हर इंसान महान लीडर बनना चाहता है, लेकिन वे अकसर यह भूल जाते हैं कि महान बनने से पहले एक अच्छा इंसान बनना पड़ता है।

***

केवल स्कूल-कॉलेज की पढ़ाई या डिग्री लेकर कोई कामयाब बिजनेसमैन नहीं बन पाता, बल्कि उसके लिये अच्छी समझ, कड़ी मेहनत और लगन की जरूरत होती है।

***

आशावादी और निराशावादी दोनों ही अपनी संस्था के लिये योगदान करते हैं। एक आशावादी अगर हवाई जाहज का आविष्कार करता है, तो निराशावादी पैराशूट का।

***

शुरू में हर इंसान को असफलता से सामना जरूर करना पड़ता है, लेकिन उससे घबराने की जरूरत नहीं होती, क्योंकि यहीं से सफलता की पहली सीढ़ी शुरू होती है।

***

दुनिया के सफल कारोबारियों की जीवनियों से प्रेरणा लेकर अगर आप प्रभावित होते हैं, तो उस चिंगारी को उस समय तक बुझने मत दो, जब तक आप उनसे बेहतर नहीं बन जाते।

***

किसी भी कार्य की निंदा, आलोचना और उसके बारे में शिकायत करना तो हर कोई जानता है, लेकिन उसे सफलता में तबदील करने का हुनर सिर्फ कामयाब व्यापारियों के पास ही होता है।

20
महान लीडर्स के महान विचार

बुद्धिमान मार्गदर्शक कभी भी तथ्यों को नज़रअंदाज नहीं करते।

***

रचनात्मक कार्यों का जन्म सबसे पहले लीडर की सोच में होता है।

***

जरूरत से अधिक जल्दबाजी भी बहुत बड़ी परेशानी खड़ी कर सकती है।

***

ज्ञानी और विद्वान लीडरों के विचार किसी अनमोल रत्न से कम नहीं होते।

***

चतुर लीडर अपनी कामयाबी के सारे भेद कभी किसी से सांझा नहीं करते।

***

विश्वसनीय साथियों के साथ होने से बहुत सारी कठिनाइयां कम हो जाती है।

***

महान लीडरों के विचार अच्छी पुस्तकों की तरह जल्दी से समझ नहीं आते।

***

बुद्धिमान लीडर अपनी सारी टीम को मुश्किल समय के लिये हमेशा तैयार रखते हैं।

***

महान लीडर बनने के लिये कई बार अच्छी चीजों का भी त्याग करना जरूरी होता है।

***

अपने साथियों को शक की निगाह से देखने वाले लीडर कभी भी खुश नहीं रह पाते।

***

बेहतरीन लीडर बनने के लिये सबसे पहले हमें अपना व्यवहार विनम्र बनाना पड़ता है।

***

अच्छे नेता सिर्फ वही काम करते हैं, जिससे समाज और देश दोनों का भला हो सकें।

***

महान नेता हमेशा हर बड़े कार्य को अंजाम देने से पहले जनता को विश्वास में लेते हैं।

***

लीडरशिप के खेल में दुश्मनों के साथ-साथ अपनों से भी बहुत सावधान रहना पड़ता है।

***

किसी भी सफल लीडर के लिये एकांत से बढ़ कर कोई दूसरा सहयोगी नहीं हो सकता।

***

निडर लीडर उस समय तक आगे नहीं बढ़ सकते, जब तक वो पुरानी बातों को नहीं भुलाते।

***

जिस लीडर के पास जितना अधिक ज्ञान और अनुभव होता है, वे उतना ही कामयाब रहते हैं।

***

जब-जब इस दुनिया में महान लीडर पैदा हुए हैं, उन्होंने सारे समाज को नई दिशा दिखाई है।

***

जो लोग दूसरों की मदद करने में विश्वास नहीं रखते, वे कभी भी अच्छे लीडर नहीं बन सकते।

***

प्रतिभावान लीडर अपनी बराबरी करने वालों को सिर्फ अपने परिमाणों से जवाब देना जानते हैं।

***

महान लीडर अपना समय, पैसा, अपनी ताकत अपने से अधिक दूसरों के लिये इस्तेमाल करते हैं।

***

कामयाब लीडरों की आवाज बेशक धीमी होती है, लेकिन उनके कर्मों की ध्वनि बहुत ऊंची होती है।

***

महान लीडर अपने साथ-साथ अपनी टीम की क्षमता को बढ़ाने का हुनर भी अच्छे से जानते हैं।

***

कुशल लीडर हर किसी से मित्रता रखते हैं और हर किसी का दोस्त बन कर रहना पसंद करते हैं।

***

महान लीडर थोड़े से समय में ऐसे काम कर जाते हैं कि जमाना उन्हें सदियों तक याद रखता है।

***

जो टीम लीडर जीवन में बहुत आगे बढ़ना चाहते हैं, वे अपनी इच्छाओं को आगे बढ़ने से रोक देते हैं।

***

गलत इंसान के साथ गलत करना गलत नहीं होता, क्योंकि क्षमा गलतियों की होती हैं धोखे की नहीं।

***

आधी-अधूरी बात सुनने वाले अकसर खुद को पूरा मतलब निकालने वाला विशेषज्ञ समझने लगते हैं।

***

महान लीडर बंदूक या गोली की बजाए हर मसला प्यार की बोली से सुलझाने में विश्वास रखते हैं।

***

प्रभावशाली लीडर अपने हर सहयोगी के साथ काम करने के लिये अलग-अलग नज़रिया रखते हैं।

***

हमें अपनी भूख कभी भी इतनी नहीं बढ़ानी चाहिए कि दूसरे लोगों की खुशियां ही प्रभावित होने लगे।

***

महान लीडरों के विचार चाहे कितने भी पुराने हो जायें, लेकिन उनके गुण और चमक कभी कम नहीं होती।

***

अगर आप अपने अभी तक किये हुए कार्यों से संतुष्ट नहीं हैं, तो आज से कुछ बेहतर करना शुरू कर दो।

***

बहादुर लीडर काम के समय बाकी हर चीज को भूल कर सिर्फ लक्ष्य की ओर ही ध्यान केंद्रित रखते है।

***

इस दुनिया में ज्ञान से बड़ा कोई रत्न नहीं है, इसलिये इसे छोड़ कर पत्थरों के पीछे भागना बेवकूफी ही हैं।

***

सफलता पाने के लिये अपने हिसाब से ही कायदे-कानून बनाने से परेशानियों के सिवाए कुछ नहीं मिलता।

***

समझदार लीडर मूर्ख व्यक्ति से सदा दूर ही रहते हैं, क्योंकि ऐसे लोग हमेशा कुछ नुकसान ही पहुंचाते हैं।

***

अपने दायरे को तोड़ने वाले और अपनी सीमा से बाहर जाने वाले लीडर अकसर बुरी तरह से धोखा खाते हैं।

***

महान लोगों के जीवन में भी मजबूरियां होती हैं, वरना राम वनवास क्यों जाते और कृष्ण कारावास क्यों जाते?

***

सपने तो तकरीबन हम सभी देखते हैं लेकिन साहसी लीडर अपने हर सपने को पूरा करने की हिम्मत रखते हैं।

***

साहसी लीडर के पास चाहे कितनी भी कमजोर टीम क्यों न हो, लेकिन वह फिर भी आसानी से हार नहीं मानते।

***

बहादुर लीडर अपना कोई भी काम अधूरा नहीं छोड़ते और न ही अपनी टीम के सदस्यों को ऐसा करने देते हैं।

***

धन-दौलत, खाना-पीना कितना भी अच्छा मिल जायें, लेकिन ज्ञान की भूख को कभी भी कम नहीं करना चाहिए।

***

अपनी गलतियों को यदि टीम के सदस्यों से शेयर कर लिया जायें तो फिर कभी कोई परेशानी नहीं होती।

***

लीडरशिप के गुण अगर स्कूल-कॉलेज से ही सिखाए जायें तो बहुत सारी परेशानियां खुद ही खत्म हो जायेगी।

***

महान लीडर खुद को बड़ा बनाने की बजाए दूसरों को खुशहाल और कामयाब होते हुए देखने की इच्छा रखते हैं।

***

कोई व्यक्ति चाहे कितना भी बड़ा लीडर क्यों न हो, लेकिन उसे अपने सहयोगियों से सच्चाई को नहीं छिपाना चाहिए।

***

अगर आपके अंदर किसी किस्म की कोई कमी है, तो उसके बारे में बार-बार दूसरों को बताने से नुकसान हो सकता है।

***

कुशल लीडरशिप के लिये जरूरी होता है कि समय-समय पर नई प्रतिभाओं को तलाश कर के उनके हुनर को निखारा जायें।

***

कम्पनी को सफल बनाए रखने के लिये मैनेजमेंट के लीडर अपना अधिक समय चुनौतियों भरे कार्यों में लगाते हैं।

***

जब भी अपने किसी करीबी से बात करो तो दिल से करो, क्योंकि दिमाग तो सिर्फ अपने मतलब की बातें सोचता है।

***

एक सफल लीडर की सबसे बड़ी योग्यता अपने सहयोगियों को प्रेरित करते हुए उनसे बेहतर काम करवाने की होती है।

***

जब तक हमारी सोच छोटी रहेगी, उस समय तक हम आसमान को छूना तो दूर उसकी तरफ ठीक से देख भी नहीं पायेंगे।

***

एक टीम लीडर को हमेशा दूसरों की जरूरत रहती है, इस बात को हम जितनी जल्दी समझ सकें उतना ही अच्छा होगा।

***

सही राह पर चलने से ही मंजिल मिलती हैं, जबकि बिना लक्ष्य गलत राह पर चलने से इंसान सारी उम्र भटकता रहता है।

***

इंसानियत के बिना जीवन बेकार होता है, जो व्यक्ति इंसानियत को नहीं पहचानता, उसका जीना या मरना बराबर है।

***

अगर कोई समस्या बार-बार परेशान करने लगे तो अपने सहयोगियों से उसे हल करने के लिये राय लेते रहना चाहिए।

***

महान नेता हर किसी को आगे बढ़ने में तो मदद करते हैं, लेकिन कभी भी किसी कमजोर व्यक्ति का अपमान नहीं करते।

***

एक सफल और असफल लीडर में सिर्फ इतना ही फर्क होता है कि कौन अपनी गलतियों से कितना कुछ नया सीख पाते हैं।

***

अपने सहयोगियों को हर बार सिर्फ 'राय' देकर नहीं बदला जा सकता, कई बार उनके सामने खुद उदाहरण पेश करने पड़ते हैं।

***

बहादुर लीडर इस बात को जानते हैं कि उनका हर कदम सही नहीं हो सकता, लेकिन वे फिर भी अपने मकसद को पाने के लिये डटे रहते हैं।

***

बुरा समय कभी भी किसी पर भी आ सकता है, इसलिये बहादुर लीडर हर संकट के लिये हर प्रकार की तैयारी रखते हैं।

***

आज के दौर में किसी को डरा-धमका कर कोई काम नहीं करवाया जा सकता, इसलिये हर किसी से दोस्ताना व्यवहार ही रखना चाहिए।

***

एक-न-एक दिन मरना तो सभी को है, लेकिन जब तक जिंदगी है, कुछ ऐसे कर्म कर जाओ कि जाने के बाद भी जमाना हमेशा याद रखें।

***

अनुभवी लीडर जानते हैं कि रास्ते चलने के लिए बनाए जाते हैं, इंतजार करने के लिये नहीं, इसलिये वो कभी भी आदर्श रास्ते का इंतजार नहीं करते।

***

प्लम्बर कितना भी होशियार क्यों न हो, लेकिन आंखों से टपकते पानी को नहीं रोक सकता, यह काम तो कोई सच्चा साथी ही कर सकता है।

***

मरने के बाद तो हर किसी की तारीफ हो जाती है, कर्म कुछ ऐसे करो कि जीते जी ही जमाना आपको सिर-आखों पर बिठाने को मजबूर हो जायें।

***

राजनेताओं को जब भी मौका मिले, उन्हें संतों एवं महापुरुषों की संगत में जाते रहना चाहिए, क्योंकि ऐसे लोगों के बीच रहने से ज्ञान और अनुभव दोनों ही मिलते हैं।

***

हर इंसान आइने के सामने बैठ कर सारी उम्र खुद को संवारता रहता है, लेकिन इसके बावजूद भी वो कभी आईने जैसी साफ जिंदगी जीने की कोशिश नहीं करता।

***

साधारण-सा दर्जी भी हमें यह बात सिखाता हैं कि वह जब भी मिलता है, हर बार नया नाप लेता है। जबकि बाकी सभी लोग अपनी पुरानी सोच में ही हमें फिट करने की कोशिश करते हैं।

***

दोस्तों से मज़ाक करना तो ठीक है, लेकिन जिंदगी से कभी भी मज़ाक नहीं करना चाहिए, क्योंकि जब जिंदगी हम से मज़ाक करती है, तो फिर सारा ज़माना हमारा मज़ाक उड़ाना शुरू कर देता है।

***

मानव इतिहास में ऐसे लीडरों की कमी नहीं है, जिन्होंने अपना सारा जीवन कुछ कामना करने की बजाए समाज को सब कुछ अर्पित करने में ही बिता दिया है।

***

समझदार लीडर जब तक अपने कमजोर साथियों को सुधारने का और बेहतरीन काम करने वालों को आगे बढ़ने मौका नहीं देंगे, वो खुद भी तरक्की नहीं कर पायेंगे।

***

समझदार लीडर कम-से-कम बोलते हैं और सादगी में रहना पसंद करते हैं, क्योंकि वो जानते हैं कि बेकार के तर्क देने से कुछ नहीं मिलता, बल्कि उपहास ही उड़ता है।

***

जिस तरह लोहे को उसके अपने जंग के सिवाए कोई नहीं खराब कर सकता, उसी तरह हमारे भविष्य को हमारी नकारात्मक सोच के अलावा कोई नहीं बिगाड़ सकता।

***

कई बार कुछ नियम साफ नहीं होते, कुछ लोगों को ठीक से जानकारी नहीं होती, लेकिन ऐसे में लीडर की जिम्मेदारी बनती है कि वे हर निर्णय बहुत सोच-समझ कर लें।

***

दूसरों से सदैव आगे रहने के लिये प्रतिद्वंद्वियों की नब्ज टटोलते रहना चाहिए। हमें यह भी मालूम होना चाहिए कि हम एक साल बाद, दो साल बाद और पांच साल बाद कहां तक पहुंच पायेंगे।

***

महान लीडरों की यह खासियत होती है कि वो अच्छे साथियों को गौर से नहीं देखते ताकि उनकी कोई बुराई दिखाई न दे जायें और बुरे सहयोगियों को बहुत गौर से देखते हैं कि शायद उनकी कोई अच्छाई दिखाई दे जाये।

■■■